ライバルに差をつけろ！ 自主練習シリーズ

# バレーボール

著　高橋宏文
（東京学芸大学男子バレーボール部監督）

ベースボール・マガジン社

# 自身のプレーや、
# その質を高めるための１冊に

　昨年から、コロナ禍ということで部活動や地域のチームの活動がストップしてしまい、プレーしたくともプレーできなかったり、やっと活動ができても制限が多く十分な活動ができない状況になっている人も多くいると思います。本来、バレーボールはチームスポーツであり、ゲームにおいてチーム対抗でその競い合いを楽しむものです。しかし、人が集まることもままならない中でどのようにして、練習やトレーニングをするかが課題になっていた人も多くいたのではないでしょうか。また、普段のチームの練習で出た課題の克服や、もっと自身で練習したいと考えることもあるでしょう。この本は、そういった１人でできる、または２人でできる練習やトレーニングを多く紹介しています。

　この本の内容は実際のプレーを意識したものです。バレーボールにある動きを習得したり、その動きをよりスムーズにするもの。そして、ボールを扱う際に必要な感覚を磨くものなどを取り上げています。チームとしての連係練習の前に、自身のプレーやその質を高めるためにぜひ取り組んでいただきたいものを掲載しています。

高橋宏文

# 本書の使い方

本書では、バレーボールの競技力アップに役立つ、基本的な練習メニューやトレーニングを紹介しています。1人あるいは2人でできる内容となっており、身につけてほしい感覚や技術を段階的に掲載しています。自分の苦手とするプレーや、より精度を上げたい技術に応じて、活用してみてください。

**練習名**
練習の内容にそったメニューの名前

**目的・効果**
この練習で身につく技術がひと目でわかる

**解説**
この練習の意味や気をつけて欲しい点、やり方を詳しく説明

**Point**
練習するにあたって心がけたい部分、ポイントとなること、注意したいこと

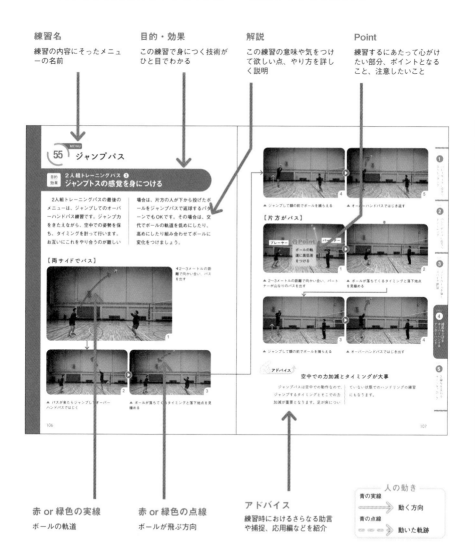

**赤 or 緑色の実線**
ボールの軌道

**赤 or 緑色の点線**
ボールが飛ぶ方向

**アドバイス**
練習時におけるさらなる助言や捕捉、応用編などを紹介

人の動き
青の実線　　　動く方向
青の点線　　　動いた軌跡

# 目次

# #第1章

## バレーボールに役立つ
## ストレッチング

　バレーボールでは、足関節や膝関節の捻挫、腰痛、肩痛、突き指などのケガが
みられます。これらのケガについては準備を怠らないようにしておくことで防げ
るものも多く見受けられます。ケガを防ぎ、スムーズにプレーに入っていくために、
ウォーミングアップは重要な時間です。ウォーミングアップも様々な行い方があ
りますが、ここではバレーボールにおいてプレーするために必要とされる、スト
レッチングを取り上げました。日々の活動の前に、しっかりとストレッチングな
どを行いケガの予防に努めましょう。

# Neck side Flexion.

## 目的 効果 首まわりのストレッチ

　試合中はあらゆる角度からボールが飛んできます。さまざまなケースに対応できるよう、前後左右の首の可動域を広げておきましょう。首の左右のストレッチでは、頭を倒した方とは逆の首の横の部分が伸びていることを意識します。また、首後ろのストレッチでは首筋から肩甲骨のあたりまでが伸びていることを確認しながら行います。

### 【首の左右のストレッチ】

▲ 顔を正面に向けたまま立って、手を頭の上に置く

▲ 手で頭を横に倒す。この姿勢のまま10〜30秒間キープする

※反対側も同じように行い、2〜3回繰り返す

### 【首の後ろのストレッチ】

▲ 両手を頭の後ろで組む

▲ 頭を前に倒す。この姿勢のまま10〜30秒間キープする

# 2 上腕三頭筋ストレッチ

**目的 効果** ## スムーズなスイングを引き出す ❶

　三頭筋というのは、上腕の後ろの筋肉です。スパイクやサーブなどで使われる筋肉となります。そして腕をスイングするときは多くの筋肉がかかわっているので、どこかが硬く

なってしまうと、肩を痛める原因となったり、動きが悪くなったりします。バランスのいい状態を保つためにも練習前と練習後にしっかりストレッチを行うようにしましょう。

▲ 背筋をまっすぐに伸ばした状態で立つ。右腕を天井に向かって上げ、ヒジを曲げる。左手で、右ヒジをつかむ

▲ ゆっくりと左側に引き寄せる。この姿勢のまま10〜30秒間キープし、もとの姿勢に戻る

※反対側も同じように行い、2〜3回繰り返す

PART 1 バレーボールに役立つストレッチ

PART 2 バレーボールに役立つトレーニング

PART 3 コントロールを磨くスパイク練習

PART 4 精度を上げるオーバーハンド＆アンダーハンド

PART 5 正確性を高めるサーブ＆ブロック

# 3 肩の内転筋ストレッチ

## 目的 効果 肩甲骨まわりをほぐす

肩の内転筋もスパイク、サーブ、ブロックの動きにつながる筋肉です。前頁にも書きましたが、肩まわり（肩甲骨周囲筋）が硬いと他の筋肉に負担がかかるため、ケガの要因になってしまいます。ここではタオルを使って、肩まわりがストレッチされることを意識しましょう。

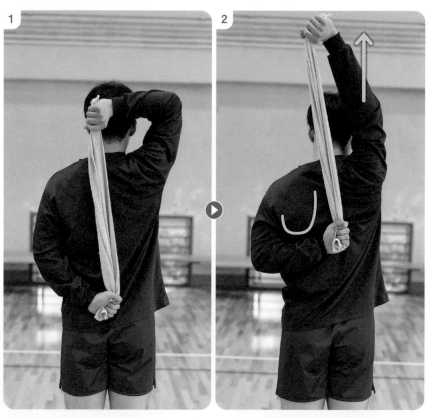

▲ 体の後ろでタオルの両端をそれぞれ持つ。右の手を上、左手を下にして、タオルを縦の状態にする

▲ 右の手を上に引っ張る。この姿勢のまま10〜30秒間キープしてゆるめる
※反対側も同じように行い、2〜3回繰り返す

# 4 三角筋や肩甲骨の上部のストレッチ

**目的 効果** 肩の筋肉をほぐす

　ここ最近、背中や肩甲骨まわりが硬い子が多いと言われています。肩甲骨が動かないとケガをしやすいので、ふだんからスムーズに動くようにストレッチしておきましょう。胸の前に腕を出し、反対の手で引きつけるとき、肩の上のほうの筋肉（三角筋）と肩甲骨の上の筋肉がしっかりと伸ばされていることを意識し、行うようにしてください。

**Point**
伸ばした方の腕のヒジは
曲げず、まっすぐにする

▲ 胸の前で左腕を伸ばした状態で地面と平行にする。右手で、左ヒジを抱える

▲ 右手で左腕を引きつけながら、体を右側に捻る。この姿勢のまま10〜30秒間キープして戻る

※反対側も同じように行い、2〜3回繰り返す

# 5 胸部のストレッチ

目的
効果

## スムーズなスイングを引き出す ❷

　壁などを使って、胸の筋肉と上腕の内側を伸ばすストレッチです。しなやかなテイクバックがとりやすくなります。壁についた方の手は、できるだけヒジを曲げないようにしましょう。

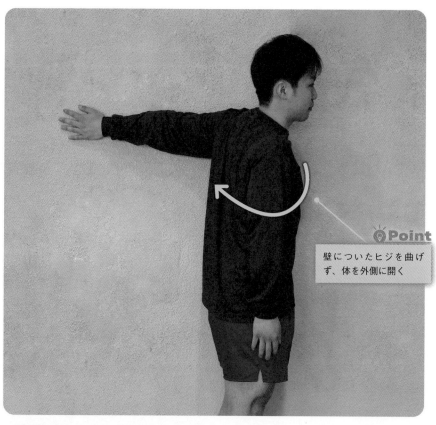

🔆Point

壁についたヒジを曲げず、体を外側に開く

▲ 壁の前に横向きで立ち、ヒジを伸ばした状態で左手を体の後方の壁に置き、体をゆっくり右側に回す。この姿勢のまま10〜30秒間キープして戻る

※反対側も同じように行い、2〜3回繰り返す

# 6 上腕二頭筋のストレッチ

目的
効果 **スムーズなスイングを引き出す ❸**

　上腕二頭筋とは上腕の前の筋肉です。座った状態で、両手を後ろについて、上腕前部の筋肉を伸ばします。

　後方に手をつけばつくほど、よりこの部分がストレッチされます。

1

▲ 床に長座し、床に両手をつく

▼

2

▲ 両手をできるだけ後ろにつく。この姿勢のまま10〜30秒間キープして戻る

※2〜3回繰り返す

# 上部背部のストレッチ

目的
効果  **腕の上げ下げの動きをスムーズにする**

肩甲骨の間を伸ばすストレッチです。正座の状態から、バンザイするような形で両手を床について、伸ばしていきます。このときお尻がカカトにつくような姿勢になります。このような姿勢を取ることで、肩甲骨の間の上背部が伸ばされます。

◀ 両ヒザをついて四つ這いになる

◀ 頭を両腕の中に入れ、尻を後ろに引く。この姿勢のまま10～30秒間キープして戻る

※2～3回繰り返す

# 8 上半身の体側ストレッチ

## 目的効果 体幹の動きを引き出す

　上半身はサーブやスパイクなどの打つ（ヒットする）動作にかかわってきます。前頁までは肩まわりをメインにストレッチしてきましたが、さらに大きな筋肉をほぐしていきます。体を倒すときに腰を回転させないように気をつけましょう。

### step 1

▲ 足を肩幅に開いて立ち、両手を腰に当てて、上半身を左側に倒す。この姿勢のまま10〜30秒間キープして戻る

※反対側も同じように行い、2〜3回繰り返す

### step 2

▲ さらに伸ばしたいときは、上半身を左側に倒すときに、右手を伸ばして耳のあたりにつける。この姿勢のまま10〜30秒間キープして戻る

※反対側も同じように行い、2〜3回繰り返す

# ハムストリングスのストレッチ

**目的 効果** 股関節やヒザの曲げ伸ばしをスムーズにする

　下半身にはスパイクのときの跳躍、アンダーハンドパスのときなどの、低い姿勢に必要な筋肉がつまっています。肉離れなどの筋肉系のトラブルが多いのも下半身が多いので、そういったケガを防ぐためにも、日頃からケアすることが大事です。ハムストリングスとは太ももの裏側の筋肉ことで、とても大きな筋肉です。まずはここをしっかりほぐしていきましょう。

**1**

◀ 左足を伸ばした状態で台に乗せ、右足で立つ。上半身はまっすぐにして開始する

**2**

◀ ゆっくりと上体を前方に倒す。この姿勢のまま10～30秒間キープして戻る

※反対側も同じように行い、2～3回繰り返す

**Point**

上体を曲げたときに腰を落とさないにする

# 10 大腿四頭筋のストレッチ

## 目的 効果 ヒザの伸展をスムーズにする

ハムストリングスが太ももの裏の筋肉ならば、大腿四頭筋が太ももの前の筋肉となります。ここでは壁に手をついてバランスを取りながら、太ももの前の方がストレッチされることを意識しましょう。

**Point**
そっと引き上げ、左太もも前が伸びていることを確認する

**Point**
バランスを取るため、壁やポールなどを使って行う

▲ 壁に右手をついて立った状態から、左足を曲げ、左手で左足首をつかんでそっと引き上げる。この姿勢のまま10〜30秒間キープして戻る

※反対側も同じように行い、2〜3回繰り返す

17

# 臀部のストレッチ

## 目的/効果 フットワークを引き出す

臀部というのはお尻のことです。このストレッチではお尻の下の方の筋肉を伸ばすことを目的としています。お尻の筋肉も、低い姿勢をキープしたり、高くジャンプしたりするときに使う、大事な筋肉となります。

▲ 体育座りの状態から右足首を左ヒザにかける。両手で左ヒザを抱える

▲ 左ヒザを上半身に引き寄せるようにして、仰向けに寝転がる。この姿勢のまま10〜30秒間キープして戻る

※反対側も同じように行い、2〜3回繰り返す

# 12 内転筋ストレッチ

## 目的・効果　足の動きをスムーズにする

　内転筋というのは、太ももの内側の筋肉のことを言います。運動する前によく行われるストレッチなので、知っている方も多いと思います。こ

こで意識してほしいのは、伸ばした方の太ももの内側がよく伸びていることになります。

◀ 肩幅より広めに足を開いて立つ

◀ 左足に重心を移し、左ヒザを曲げる。この姿勢のまま10〜30秒間キープして戻る

※反対側も同じように行い、2〜3回繰り返す

# 股関節の前部のストレッチ

**目的 効果** 足のスムーズな動きを引き出す

股関節のまわりには上半身と下半身をつなぐ筋肉があります。足を持ち上げるときに使われる筋肉でもあり、低い姿勢でのフットワークやジャンプを多用するバレーボールでは、この周辺の筋肉をほぐしておくことも大事です。また股関節の前の筋肉が硬くなると腰を痛める原因になるので注意しましょう。

**Point**

ヒザをつま先よりも前に出ないようにする

◀ 左足を大きく前に出し、右ヒザを床につく。上半身を直立させたまま、左ヒザに手を置いて姿勢を安定させる

◀ 腰を前方に軽く押し出す。この姿勢のまま10〜30秒間キープして戻る

※反対側も同じように行い、2〜3回繰り返す

# 14 ふくらはぎのストレッチ

## 目的 効果 瞬発的に床を蹴る動きを引き出す

ジャンプをよくするバレーボールの選手は、ふくらはぎの筋肉をよく使います。練習前、練習後とポールや壁などを使ってしっかりと伸ばしておきましょう。

1

◀ ポールに向かって立ち、目の高さに両手を置く。右足を後ろに引き、軽く左ヒザを曲げる

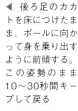

Point
上半身はまっすぐな姿勢を意識する

2

◀ 後ろ足のカカトを床につけたまま、ポールに向かって身を乗り出すように前傾する。この姿勢のまま10〜30秒間キープして戻る

※反対側も同じように行い、2〜3回繰り返す

# 「ケガとストレッチの関係性」

## 体や関節の柔軟性を高めることが大事

　バレーボールのプレー中で多く見られるケガは足関節の捻挫、手指の突き指です。足関節の捻挫はスパイクやブロックでジャンプした後の着地で起こります。これは、ネットを挟んでスパイカーとブロッカーが敵味方で対峙し、互いにジャンプして空中でプレーした後、着地した際に相手の足の上に乗ることによるものです。また、複数人でブロックに跳んで着地したときに隣の味方のプレーヤーの足の上に乗り捻挫するパターンもあります。

　そして、相手のスパイクをブロックしたときに指にボールが当たるのですが、このときに突き指になることが多くあります。その他、オーバーハンドパスを行ったときにボールを突いてしまい起こる

こともあります。

　さらには、膝関節の捻挫がジャンプの着地や瞬間的な動きの方向の転換時に、腰痛がジャンプの着地時やスパイク時に起こることがあります。

　こういった、バレーボールをプレーする際に起こり易いケガを未然に防ぐためには、体や関節の柔軟性を高めることが必要となります。ストレッチングはそういった柔軟性を高めるため、そしてその日の体の柔軟性を調整したり、体の感じをつかんだりするために重要な役割を果たします。

# #第2章

## バレーボールに
## 役立つトレーニング

　この章では、器具をつかわない筋力トレーニングや、技術を向上させるための感覚をつくるトレーニングのメニューを選びました。トレーニングは全体的に10〜20回を3セット。腹筋や背筋などの部位ごとに2〜3回程度、行うようにします。自主練習で感覚的なものをつかみ、身体操作能力を上げ、実際のプレーにいかしましょう。

# 15 腹筋・背筋トレーニング

姿勢を維持する筋肉をきたえる ❶
## 体幹を強化する

　上半身の筋肉をきたえることは、姿勢を維持するためにとても大事なことです。とくにバレーボールは低い姿勢、中腰、さらにジャンプしての空中動作もある競技なので、日頃のトレーニングで安定した姿勢をつくるようにしましょう。正しい姿勢を保つことは、その後のプレーにも影響してきます。ここでは一般的な腹筋と背筋を紹介します。

## 【上体起こし】

**Point**

筋力がある人は完全にアゴがヒザにつくくらい上体を起こす

▲ 仰向けになり、ヒザを90度に曲げる。手は頭の後ろで組む

▲ アゴを引き背中を丸めるようにして、起き上がる。起き上がったら元の姿勢に戻る

## 【足上げの上体起こし】

▲ 仰向けになり、足を浮かせてヒザを90度に曲げる。手は頭の後ろで組む

▲ アゴを引き背中を丸めるようにして、起き上がる。起き上がったら元の姿勢に戻る

## 【V 字腹筋】

**1** ▲ 仰向けになり、両手を頭上に伸ばす

**2** ▲ 足と手を同時に引き上げ、手がつま先についたら元の姿勢に戻る

## 【上体反らし①】

**1** ▲ うつ伏せになり、手を後ろで組む

**2** ▲ 上体を反らして胸を上げ、元の姿勢に戻る

## 【上体反らし②】

### ☀ Point
肩甲骨を内側に寄せることを意識し、脇を締める

**1** ▲ うつ伏せになり、手を前に伸ばす

**2** ▲ 上体を反らすと同時にヒジを曲げながら手を胸元に引き寄せ、元の姿勢に戻る

PART
1
バレーボールに役立つ
ストレッチング

PART
2
バレーボールに役立つ
トレーニング

PART
3
コントロールを磨く
スパイク練習

PART
4
精度を上げる
オーバーハンド＆
アンダーハンド

PART
5
正確性を高める
サーブ＆ブロック

# 腕立て伏せ

| 目的 効果 | 姿勢を維持する筋肉をきたえる ❷ |

## 肩や腕、背筋力をつける

胸の筋肉（大胸筋）、腕の筋肉（上腕二頭筋、上腕三頭筋）、肩の筋肉（三角筋）、背筋などをきたえてくれる一般的なトレーニングです。腹筋・背筋トレーニングと同じように、

正しい姿勢を保つためやスイングを行うためには必要な種目となります。プレー面では、スパイクがより力強くなり、スイングスピードも上がる効果が期待できます。

### step 1

💡Point
足から首まで一直線になるような姿勢をとる

💡Point
目線は床に落とさず、顔を上げて少し先を見るようにする

💡Point
手で地面を押して体を持ち上げる

▲ 手を肩幅より、やや広めに開いて床につく。ヒザを伸ばして、腕とつま先で体を支える

▲ ヒジをゆっくり曲げながら体を下げる。下げきったら1秒キープして、元の姿勢に戻る

### step 2

💡Point
Step1のときよりも、手の幅を広くつく

▲ 手の幅を広くして床につく。ヒザを伸ばして、腕とつま先で体を支える

▲ ヒジをゆっくり曲げながら体を下げる。下げきったら1秒キープして、元の姿勢に戻る

# 17 スクワット

**目的 効果** 姿勢維持やジャンプ力の基本となる筋肉をきたえる ❶
## 下肢を強化する

下半身の筋力は構えの姿勢にはじまり、移動するとき、ボールを捕らえるとき、ボールを送り出すとき、ジャンプするときなどの動きの元になります。とくにレセプションやディグの場面では、ヒザを90度くらいに曲げた状態での筋力が求められるので、プレー中に安定した姿勢が保てるように、日頃からトレーニングしておきましょう。

## 【ノーマル・スクワット】

◀ ①肩幅くらいに足を開いて立つ②姿勢を維持しながらヒザを曲げ、腰を落としていく。太ももが床と平行になるまでヒザを曲げたら、元の姿勢に戻る

### 💡Point

姿勢が悪くならないように、しっかりと胸を張る。ヒザをケガする恐れがあるため、ヒザはつま先より前に出ないようにする

### 💡Point

つま先はまっすぐ前に向ける

## 【シシースクワット】

◀ ①肩幅くらいに足を開いて立つ②ヒザを前に出していき上体を反らし、太ももを伸ばすようにしてから、元の姿勢に戻る

# 18 ランジ

## 目的・効果 姿勢維持やジャンプ力の基本となる筋肉をきたえる ❷
## 下肢を強化する

　腰から下のボールの処理する場合、さまざまな角度にヒザを曲げなければなりません。とくにレセプションやディグには適切な関節の角度があり、曲げたり伸ばしたりする一連の動きをスムーズにしておく必要があるでしょう。この種目では、太ももの前の筋肉（四頭筋）と後ろの筋肉（三頭筋）がそれぞれきたえられます。ゆっくり行えば、より筋量を増やすことができるので、構える姿勢の安定にもつながります。

## 【フォワード・ランジ】

◀ ①まっすぐに立ち、手を頭の後ろに組む②右足を前に出す③床に右足がついたらヒザを90度くらいまで曲げ、腰を落とし、元の姿勢に戻る

※反対側も同じように行う

# 【 バック・ランジ 】

▲ まっすぐに立ち、手を頭の後ろに組む

▲ 右足を後ろに引く

▲ 床に右足のつま先がついたら、左のヒザが90度くらいに曲がるまで腰を落とし、元の姿勢に戻る

※反対側も同じように行う

# 【 サイド・ランジ 】

▲ まっすぐに立ち、手を頭の後ろに組む

▲ 左足を横に出す

▲ 床に左足がついたらヒザを90度くらいまで曲げ、腰を落とし、元の姿勢に戻る

※反対側も同じように行う

## アドバイス
## つま先よりも前にヒザは出さないように！

ランジ動作で気をつけてほしいのは、腰を落としたときにヒザがつま先よりも前に出ないことです。ヒザが前に出すぎると、ヒザをケガする恐れがあります。これはランジ、スクワット共通の注意点となります。

高校生以上向き・週2〜3回程度

# プライオメトリクス・トレーニング

**目的・効果** ジャンプなどの瞬発力を高める

プライオメトリクス・トレーニングは、瞬発力を高めるトレーニングです。たとえば台の上に跳び上がり、降りてすぐに跳ぶという動作を連続で行うことで、バレーボールでいえばジャンプ系の能力をきたえるもの

となります。筋力の伸び縮みのサイクルを短くし、着地時の接地時間を短くすることが跳躍力につながります。非常に負荷の高いトレーニング方法となるので、基本的な足の筋力を高めてから行いましょう。

## 【ベンチ・ジャンプ】

**Point**
ベンチに乗ったとき、床に降りたときの接地時間を短くする

▲ ベンチ（30cmくらいの台）の前に立つ

▲ 腕を振り上げながらジャンプする

▲ ベンチに着地したら、すぐに降りる。2、3の動作を繰り返す
※7〜10回×3セット

## 【ランジ・ジャンプ】

▲ 片足を前に出し、腰を落とした状態で構える（スタート姿勢）

▲ 真上にジャンプしつつ、前後の足を入れ替える

▲ 反対の足を前に出して着地する。2、3の動作を繰り返す
※7〜10回×3セット

## 【 グーパー・ジャンプ 】

▲ 足を閉じて立つ

▲ 足を横に開きながらジャンプする

▲ 大きく足を開いて着地し、すぐにジャンプして足を閉じる。2、3の動作を繰り返す

※7〜10回×3セット

## 【 カエル三段跳び 】

**🔆Point**

3回のジャンプで6メートル（エンドラインからアタックラインまで）までいくことを目標にする

▲ 軽くヒザを曲げて立ち、腕をしっかり後ろに振ってジャンプの準備をする

▲ 腕を振り上げながら前方向にジャンプする

▲ 着地したら、すぐにまた前方向にジャンプする。2、3の動作を繰り返す

※連続で3回ジャンプ×3セット

## 【 ボックス・ジャンプ 】

▲ 70cmくらいのボックスの前に立つ

▲ 腕を振り上げながらジャンプする

▲ ボックスの上に乗ったら、すぐに降りる。2、3の動作を繰り返す

※7〜10回×3セット

## 【14種目連続ジャンプ】

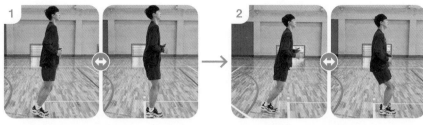

▲ 足を揃えて、小さく前後にジャンプする

▲ 足を揃えて、大きく前後にジャンプする

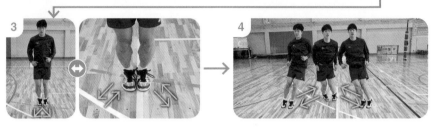

▲ 足を揃えて、小さくVの字を書くように、
左斜め前→戻る→右斜め前→戻る、を繰り返す

▲ 足を揃えて、大きくVの字を書くように、
左斜め前→戻る→右斜め前→戻る、を繰り返す

▲ 足幅を小さくしたグーパー・ジャンプ（31ページ参照）

▲ 足幅を大きくしたグーパー・ジャンプ（31ページ参照）

▲ 足を揃えて、左右に小さくジャンプする
（サイドジャンプ）

▲ 足を揃えて、左右に大きくジャンプする
（サイドジャンプ）

▲ 片足もも上げでその場ランニング ▲ 両足もも上げでジャンプ

▲ ランジ・ジャンプ（30ページ参照） ▲ ランジ状態から真上にジャンプして、1回正面を向き、またジャンプして反対方向にランジで着地する

▲ つま先タッチジャンプ（ジャックナイフ） ▲ 両足踏み切りで垂直跳び

アドバイス

## 連続でチャレンジしてみよう！

バドミントンの選手が行っている練習をバレーボール用にアレンジしたトレーニングです。このページで紹介した14種類のジャンプを連続で行います。1つの種目を15秒間行ったら、3種目終了ごとに15秒間の休憩を入れて、次の種目に移行していきます。14種目を完走したら終了となります。全体を何セットか行う場合はセット間は1分30秒を休憩時間とすることを目安としてアレンジしてください。

# マット運動

運動感覚のトレーニング ❶
## 身体操作の質を高める

バレーボールはボールを持ってはいけないスポーツです。つまり瞬間的にボールを操作する能力が求められ、なおかつ低い姿勢で移動したり、空中でボールを打ったりとたくさんの動きの操作ができないといけません。マット運動などで総合的に体の操作性を高めると、バレーボールにおける動きもスムーズになります。一つひとつの動作をていねいに行い、体をコントロールする感覚をやしなっていきましょう。慣れてきたら、これらを連続して行い、より操作性を高めていきます。

## 【前転】

▲ 前転を連続で2回行う

## 【後転】

▲ 後転を連続で2回行う

## 【 側転 】

▲ 側転を連続で2回行う

## 【 首はね起き 】

▲ 寝転んだ状態から腕と首に体重を乗せて、跳ね起きる

## 【 倒立 】

▲ 逆立ちで歩く

### アドバイス

## 倒立ができない人は…

　はじめは両手を床について両足を上げてみます。慣れてきたら、上げる両足をより高くしていきます。足を上げたときにヒジが曲がらないようにします。続いて、壁倒立を行います。壁際で足を壁側に向けて四つん這いになります。そこから、足を壁にかけ両手で体を壁の方に押しながら両足を徐々に高く上げていきます。足を上げきったら壁の支えを使いつつ床を見るようにして逆立ちの姿勢をキープします。そして、最後は補助倒立を行います。補助の人は支える力をゆるめたり、手を離して倒立の感じをつかませます。

PART
1
バレーボールに役立つ
ストレッチング

PART
2
バレーボールに役立つ
トレーニング

PART
3
コントロールを磨く
スパイク練習

PART
4
精度を上げる
オーバーハンド＆
アンダーハンド

PART
5
正確性を高める
サーブ＆ブロック

# 胸元でボールキャッチ

**目的 効果** 運動感覚のトレーニング ❷
## ボールの速度に慣れる

この練習はボールの速度に慣れることを目的としています。まずは下から投げてもらったボールを、きちんと足を運んで胸元でキャッチすることからはじめましょう。ちゃんとボールを見ることができていれば、

次は上から投げてもらったスピードのあるボールをキャッチするようにします。下からのボールと上からのボールとでは、ボールの速度が違うので、その変化に対応するための練習です。

### step1 下から投げたボールをキャッチ

1

プレーヤー　パートナー

◀ ①2〜3メートル離れて向かい合う②パートナーにボールを下から投げてもらう③しっかり胸元でキャッチする

2

3

プレーヤー

パートナー

▲ 同じように2〜3メートル離れて向かい合い、パートナーにボールを上から投げてもらう

▲ しっかり胸元でキャッチする

正面から

正面から

アドバイス

### 合図を出してから投げる

投げ方とスピードに段階をつけて、パートナーはできるだけ胸の前の捕りやすい位置に投げてあげます。投げる際には「いくよ！」「ハイ！」などの声をかけてから投げるようにしましょう。

# 22 複数のボールを使ったキャッチ＆スロー

**目的 効果**
### 運動感覚のトレーニング ❸
## 知覚＆反応をきたえる

　バレーボールは、ボールとの距離、ボールの軌道、ボールの速度、体の向き、自身の動きの速度、これらの複数の要素を瞬時に認知し、反応する力が大事です。そのため、ふだんの練習からさまざまな状況設定を作り、プレーすることを心がける必要があります。ここではボールを複数使い、2つの動作を同時に行うことで、知覚と認知能力をきたえていきます。

---

**step1** ボール2個を使ったキャッチ＆スロー

▲ お互いにボールを1個ずつ持って、2～3メートル離れて向かい合う

▲ パートナーは下からボールを投げる。プレーヤーは同時に自分が持っているボールを直上に投げる

▲ パートナーから飛んで来たボールをキャッチし、すぐ投げ返す

▲ プレーヤーは自分が直上に投げたボールをキャッチする

<br>

## step2 ボール3個を使ったキャッチ＆スロー

▲ プレーヤーはボール2個、パートナーはボールを1個持って、2～3メートル離れて向かい合う

▲ パートナーは下からボールを投げる。プレーヤーも同時に自分が持っている2個のボールを直上に投げる

▲ パートナーから飛んで来たボールをキャッチし、すぐ投げ返す

▲ プレーヤーは自分が直上に投げた2個のボールをキャッチする

 アドバイス

## 一つひとつの動作を順序だてる

　動きがグチャグチャになってしまう場合は、一つひとつの動作を「投げる」「キャッチする」「投げ返す」

「キャッチする」というふうに、順番に頭で整理しながら動くようにしてみましょう。

# フライキャッチ＆ワンバウンドキャッチ

| 目的 効果 |

## 運動感覚のトレーニング ❹
## 距離や位置を定める力をきたえる

　プレーヤーは自分に向かってくるボールの速度、自分との距離を認識し、レセプションやディグを行います。つまり、そのボールの落下位置や、仲間の状況、相手チームの状況など幅広く認識し、セットアップなどにつなげなければなりません。そのため、脳の処理時間が短いほど、プレーに必要な意思決定も速くなります。その感覚を覚えるための練習として、まずは落下地点に素早く入ることからはじめましょう。

### step1 フライ

▲ パートナーがボールを持った状態で、2～3メートル離れて向かい合う

▲ パートナーは下からボールを高く投げる

▲ プレーヤーはボールの落下地点を素早く判断し、動く

▲ プレーヤーはボールが落ちる前に落下地点に入り、頭上でキャッチする

▲ パートナーがボールを持った状態で、2〜
3メートル離れて向かい合う

▲ パートナーはボールを前方の床に叩きつける

▲ プレーヤーはボールの落下地点を素早く
判断し、動く

▲ プレーヤーはボールが落ちる前に落下地点に
入り、頭上でキャッチする

### アドバイス

## ボールをナナメから見て距離感をつかむ

ボールの真下に入るというよりは、
ボールの真下から少しズレた位置に入
ることで、ボールをナナメから見るこ
とができます。そうするとボールと自
分との距離感、位置関係がつかみやす
く、キャッチしやすくなります。

# 動きながらのボールキャッチ

運動感覚のトレーニング ❺
## 動きを調整する力をやしなう〔補捉編〕

　プレーヤーは構えた状態から、状況を一瞬で判断→瞬時に移動→実際にプレーする、という一連の流れを瞬間的に行っています。移動したあとのプレーに影響を与えないように するためには、「動きを調整する力」が求められます。ここでは、さまざまな動作を取り入れながら、ボールを扱う練習を行っていきましょう。

## 【ターン・キャッチ】

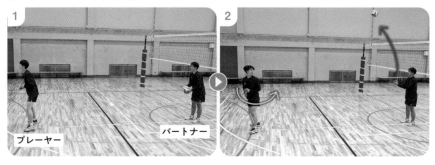

▲ 2〜3メートル離れて立つ。パートナーがボールを持った状態で、プレーヤーは後ろを向く

▲ パートナーは合図とともに下からボールをフワリと投げる。プレーヤーはその合図に反応して振り向く

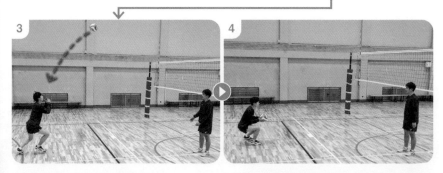

▲ プレーヤーはボールの落下地点を素早く判断する

▲ プレーヤーはボールが落ちる前に落下地点に入り、胸元でキャッチする

## 【足踏みキャッチ】

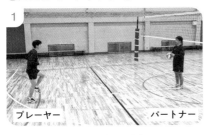

プレーヤー　　　　　　パートナー

▲ パートナーがボールを持った状態で、2〜3メートル離れて向かい合う。プレーヤーは足踏みをする

▼

▲ パートナーがボールを投げる

▼

▲ プレーヤーは足踏みしながら、ボールをキャッチする

## 【グー＆パー・キャッチ】

プレーヤー　　　　　　パートナー

▲ パートナーがボールを持った状態で、2〜3メートル離れて向かい合う。プレーヤーは足ジャンケンのグー・パーを繰り返す

▼

▲ パートナーがボールを投げる

▼

▲ プレーヤーは足をグー・パーさせながら、ボールをキャッチする

アドバイス

## ボール操作をスムーズに

ターン、足踏み、グー＆パーと連続する動きの中で、ボールをキャッチします。いくつかの動きを連結させて目的となる動きを行う練習なので、より動作をスムーズに行うことが大事です。

PART
1
バレーボールに役立つ
ストレッチング

PART
2
バレーボールに役立つ
トレーニング

PART
3
コントロールを磨く
スパイク練習

PART
4
精度を上げる
オーバーハンド＆
アンダーハンド

PART
5
正確性を高める
サーブ＆ブロック

# ジャンプからのキャッチ＆スロー

**目的 効果** 運動感覚のトレーニング ❻
**動きを調整する力をやしなう〔ジャンプ編〕**

ゲーム中は、移動しながらのレシーブ、移動してから止まってのパス、ディグから移動してのスパイクなど、連続した動きがつねにあります。そのため、いくつかの動きを連結させ同時に体を操作する能力をきたえる

ことが重要です。ここではジャンプしながらボールを投げたり、ジャンプの前に違う動きを入れたりして、ボールを扱う中で、受け取る、投げ返すといった動作の連結をスムーズにしていきます。

**step1** ジャンプからのワンハンドスロー

1

プレーヤー　　　　　パートナー

◀ プレーヤーがボールを持った状態で、2〜3メートル離れて向かい合う

2

◀ プレーヤーはその場でジャンプして、片手でボールを投げて着地する

## step**2** 屈伸からのジャンプ＆スロー

▲ プレーヤーはボールを持て立つ（パートナーがいる場合は2〜3メートル離れて向かい合う）

▲ ヒザを屈伸させる

▲ 一気にジャンプする

▲ 片手でボールを投げてから着地する

## step3 助走 + ジャンプからのワンハンドスロー

▲ プレーヤーがボールを持った状態で、5〜6メートル離れて向かい合う。プレーヤーは2、3歩助走してからジャンプし、片手でボールを投げて着地する

## step4 飛んできたボールをジャンプ + キャッチ＆スロー

▲ パートナーがボールを持った状態で、5〜6メートル離れて向かい合う

▲ パートナーがボールを投げる

▲ プレーヤーはボールの落下位置に入り、ジャンプしてボールを両手でキャッチする

▲ すぐに片手でボールを投げ返して、着地する

# step 5 飛んできたボールを屈伸ジャンプ + キャッチ＆スロー

プレーヤー　　　　　　パートナー

▲ パートナーがボールを持った状態で、
5〜6メートル離れて向かい合う

▲ プレーヤーがしゃがんだあと、パートナーが
ボールを投げる

▲ プレーヤーはボールの落下位置に入る

▲ プレーヤーはジャンプしてボールを両手でキ
ャッチする

▲ すぐにボールを片手で投げ返す

▲ 着地する

アドバイス

## スムーズな動きを意識する

力の加減をうまくコントロールして
体の操作し、動作をよりスムーズに
行うことを意識しましょう。

# 片足エクササイズ

**目的効果** 平衡感覚をやしなう ❶
## ボディーバランスを身につける

　片足で立ったときに体勢が乱れると、両手を広げてバランスをとると思います。でも、片足の状態でキャッチボールや打つという動作を入れると、手ではバランスがとれません。そうすると足の裏で重心位置を整えるか、ヒザを曲げて重心位置がぶれるのを防ぐか、あるいは体幹を使ってバランスをとるようになります。空中でのバランス感覚、方向転換のときの姿勢、移動したときの姿勢など、あらゆる場面でバランスを崩さないよう平衡感覚をきたえていきます。

### step1 片足競争

▲ 片足でどのくらい立っていられるかを競う（一人の場合はタイムを測る）。反対の足でも行う

### step2 目を閉じて 片足競争

▲ 目を閉じて、片足でどのくらい立っていられるかを競う（一人の場合はタイムを計る）。反対の足でも行う

### step3 けんけん

▲ 片足でぴょんぴょん跳ねる。反対の足でも行う

## step4 けんけんキャッチ

▲ 2〜3メートル離れて向かい合う。パートナーがボールを持ち、プレーヤーはけんけんしながら待つ

▲ パートナーにボールを投げてもらう。プレーヤーはけんけんしながら胸元でキャッチして、投げ返す

## step5 けんけんスパイク

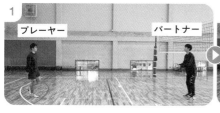

▲ 2〜3メートル離れて向かい合う。パートナーがボールを持ち、プレーヤーはけんけんしながら待つ

▲ パートナーにボールを投げてもらう

▲ プレーヤーはけんけんしながら落下位置に入る

▲ プレーヤーはけんけんしながら打ち返す

### 滑らない安全な場所を選ぶ

片足で立ったり、目を閉じたりするので、狭い場所やまわりに物があるような場所は避けましょう。滑らない場所で、なおかつまわりに何もないような安全な場所で行うようにしてください。

アドバイス

# バランス運動あそび

平衡感覚をやしなう ❷
## ボディーバランスを身につける

バレーボールにおける平衡感覚はとても大事な要素です。たとえば空中での動作となるスパイクやブロック、ジャンプのあとの切り返し、ボールを追いかけてのレシーブ、走って行ってのセットアップなど、体勢が崩れそうで崩れないようにするためには、この平衡感覚が必要となります。ここではあそび感覚でトレーニングをしながら、バランス感覚を身につけていきます。

## 【手押し相撲（+片足）】

両足

▲ 手が届く距離で向かい合い、両手で押し合う。
一歩でも動いた人が負け

片足

▲ 片足での手押し相撲もやってみる

## 【目つぶり足踏み】

### Point

スタートの場所から、30秒後にどのくらい移動しているかをチェックする

◀ 目を閉じたまま
30秒間足踏みをする

# 【１回転ジャンプラン】

1

▲ 後ろに大きく腕を振って、ヒザを曲げる

2

▲ 体をひねりながらジャンプする

3

▲ 空中で１回転する

4

▲ 着地したら、すぐに走る
※反対まわりも行う

アドバイス

## 自分の得意＆不得意を知ろう

　この練習では平衡感覚をやしなうと同時に、自分の得意な方向や動き、逆に不得意な方向や動きを知ることがで

きます。自分の体のバランスを知って整えていくのに役立てましょう。

PART
1
バレーボールに役立つ
ストレッチング

PART
2
バレーボールに役立つ
トレーニング

PART
3
コントロールを磨く
スパイク練習

PART
4
精度を上げる
オーバーハンド＆
アンダーハンド

PART
5
正確性を高める
サーブ＆ブロック

# 馬跳び＆縄跳び

**目的効果** 跳躍感覚をやしなう ❶
## 床を強く蹴る力をやしなう

最近の体力テストの結果から、子供の運動能力は二極化していると言われています。その中で、跳躍力が低くなっていることがわかってきました。ジャンプすることが多いバレーボールにおいて、ジャンプに慣れるのは大前提ですが、強く床を蹴る力、ヒザや足首を使うといった、ジャンプに必要な基本的な動作を身につけるために、馬跳びや縄跳びはとてもいい運動です。あそびながら自然と跳ぶ力を高めていきましょう。

## 【馬跳び】

**Point**
ヒジを曲げないように力強く押す

▲ 前屈みになってもらったパートナーの背中に、両手をつく
注：パートナーは手で足首を持つなどして倒れないように！

▲ パートナーの背中にしっかり両手をつき、体を持ち上げながら開脚する

▲ 両手でパートナーの背中を押しながら、飛び越える

▲ 両足で着地する

## 【縄跳び】

| 前まわし | 後ろまわし | 二重跳び |
|---|---|---|

▲ 縄を前にまわして、両足で跳ぶ

▲ 縄を後ろにまわして、両足で跳ぶ

▲ 1回のジャンプで、2回縄をまわして跳ぶ

## 【スキップ】

◀ スキップしながら、前まわしで進む

※簡単にできる人は後ろスキップで、後ろまわしのパターンにもチャレンジする

アドバイス

## あそび感覚で身につける

チームメイトと回数や時間を競ったりしながら、跳躍力を高めていきましょう。跳ぶという運動にあまり慣れていないお子さんは、はじめから全力でジャンプしてしまいねんざするかもしれないので、軽いジャンプからはじめるようにしましょう。

# 29 目標ジャンプ

跳躍感覚をやしなう ❷
## より高く跳ぶ

より高くジャンプするためのトレーニングになります。壁にマークをつけたり、さまざまな高さの物を目標にしたりして、ただ跳ぶのではなく、跳んでタッチする練習をします。

自分がどの高さまで跳ぶことができるのか挑戦しながら、跳躍力を高めていきます。まずはネットを越える高さからはじめていきましょう。

## 【垂直ジャンプ】

▲ 壁に目標となるマークをつけてその下に立つ

▲ 後ろに腕を振り、ヒザを曲げる（ジャンプの準備）

▲ 両手を振り上げながら思い切りジャンプし、マークにタッチする

## 【 ランニング ・ ジャンプ 】

▲ 目標となるマークから2〜3メートル離れたところから助走する

▲ 最後の一歩を大きく踏み切り、腕を後ろに振る

▲ 両手を振り上げながら、ジャンプする

▲ 思い切りジャンプして、マークにタッチする

アドバイス

## 狙ったところで踏み切る

実際にスパイクを打つときはネットがあるので、ジャンプのときに前に体が流れてしまうとタッチネットの恐れがあります。この練習では高くジャンプすることが目的ですが、前に突っ込みすぎないことも大事です。踏み切り位置にマークなどを入れて、ふだんから意識しておくのも良いでしょう。

PART
1
バレーボールに役立つ
ストレッチング

PART
2
バレーボールに役立つ
トレーニング

PART
3
コントロールを磨く
スパイク練習

PART
4
精度を上げる
オーバーハンド＆
アンダーハンド

PART
5
正確性を高める
サーブ＆ブロック

# 30 ボールキャッチ

## 目的 効果 ボールの捕捉感覚をやしなう

　落下地点に入り、ボールと自分との距離感をつかむ練習です。実際のプレーでボールをキャッチすることはありませんが、ボールと自分の距離感を知ることは大事なことです。また「頭の上」「胸の前」「へその前」と捕らえる位置を変えることで微妙な違いも覚えていきます。まずは一人でやってみて、感覚がつかめてきたらパートナーに投げてもらい、どんなボールでも正確にキャッチできるようにしましょう。

### step 1 直上ボールキャッチ

▲ ボールを真上に投げる

頭の上

胸の前

へその前

▲ 「頭の上」でキャッチ、「胸の前」でキャッチ、「へその前」でキャッチの3パターンを練習する

## step2 投げてもらったボールキャッチ（短い距離）

◀ 2〜3メートルの距離で向かい合い、パートナーに山なりのボールを投げてもらう

**頭の上**

**胸の前**

**へその前**

▲ ボールの落下地点に入り、「頭の上」でキャッチ、「胸の前」でキャッチ、「へその前」でキャッチの3パターンを練習する

## step2 投げてもらったボールキャッチ（長い距離）

6m〜9m

◀ 6〜9メートルの距離で向かい合い、パートナーにボールを投げてもらう。ボールの落下地点に入り「頭の上」でキャッチ、「胸の前」でキャッチ、「へその前」でキャッチの3パターンを練習する

**アドバイス**

### レシーブの感覚に近づける

最終的には腕を伸ばしてキャッチできるようにしていくことで、実際のレシーブの際にボールを捕らえる感覚に近づけていくことができます。

# 31 床打ち＆壁打ち

## 目的 効果 ｜ 打撃感覚を身につける

　球技の経験がない人の中には、ボールをパチン！と叩くことができない人がいます。バレーボールにおける打撃感覚は、おもにスパイクやサーブを打つときに必要となるので、そこにフォーカスした練習となります。手のひらを使って、スナップをきかせて、床や壁にしっかりと叩き付け、感覚を身につけていきます。

---

### step1 床打ち

▲ ボールを持つ

▲ ボールを床に落として、テイクバックの準備に入る

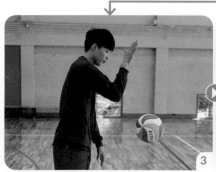

▲ 胸のあたりくらいまで跳ね上がってきたボールを叩きにいく

▲ 手にひらに当てて、床に叩きつける

PART
1
バレーボールに役立つ
ストレッチング

PART
2
バレーボールに役立つ
トレーニング

PART
3
コントロールを磨く
スパイク練習

PART
4
精度を上げる
オーバーハンド＆
アンダーハンド

PART
5
正確性を高める
サーブ＆ブロック

## step2 壁打ち

🔆Point

しっかりと手の
ひらに当てる

▲ 壁から2〜3メートル離れて立つ。
自分でトスを上げる

▲ スパイクの要領で床に打ちつける

アドバイス

### 手のひらに当たる感覚を重視する

打撃感覚に焦点をあてた練習なので、連続
で打ち続けるということが目的ではありませ
ん。まずは1回ずつ動作をくぎって、しっか
りとミートすることを心がけましょう。

# ワンハンド・トス＆ワンハンド・ラリー

ボールタッチ感覚をやしなう ❶
## ボールの感触をつかむ

スパイク、セットアップ、パス、サーブなど、ボールを打つときの必要な感覚づくりとなります。ボールをはじく、または打つといった動作を一連で行い、タッチ感覚を身につけていきます。自分の思ったところにボールがいっているかどうか、意識しながら行いましょう。ゆくゆくはそれがボールコントロールにもつながっていきます。

## 【ワンハンド・トス】

▲ 片手を頭上に伸ばして、ボールを連続ではじく

※反対の手でも行う

# 【ワンハンド・ラリー①】

▲ 4〜5メートルほど離れて向かい合う。手のひらを使って、
ボールをワンバウンドで打ち合う

# 【ワンハンド・ラリー②】

▲ 4〜5メートルほど離れて向かい合う。スパイクを打つように
ボールをワンバウンドで打ち合う

アドバイス

## 手のひら全体に当てる

ワンハンド・ラリーは、テニスをやるようなイメージで行いますが、大事なのはボールを手のひら全体に当てて、コントロールするということになります。ボールの軌道によっては左右の手を使い分けましょう。

PART
1
バレーボールに役立つ
ストレッチング

PART
2
バレーボールに役立つ
トレーニング

PART
3
コントロールを磨く
スパイク練習

PART
4
精度を上げる
オーバーハンド＆
アンダーハンド

PART
5
正確性を高める
サーブ＆ブロック

# 33 壁打ち〔ボールタッチ編〕

**目的 効果** ボールタッチ感覚をやしなう ❷
## コントロールを意識する

壁打ち練習は、58〜59ページの打撃感覚のところでもやりましたが、ここではさらにレベルアップさせて、的などを作り、狙ったところに打つようにしていきます。さらに距離を付けていくと、難易度が上がり、強く打ったうえでのコントロール練習になります。最初は3〜4メートルの距離から始め、徐々に距離を延ばしていきましょう。壁がない場合は、パートナー目がけて打つようにすると良いでしょう。

## step1 床打ち

▲ 壁に向かって2〜3メートル離れて立ち、自分でトスを上げる

▲ スパイクの要領で上から打つ

▲ 床にワンバウンドさせる

▲ 壁に当たって跳ね返ってきたボールを打つ（2〜4の動作を繰り返す）

## step 1　的を狙う・短い距離（ノーバウンド）

▲ 壁に向かって、5～6メートル離れて立つ

**Point**
手のひら全体に当てる

▲ 自分でトスを上げ、ノーバウンドで壁に当たるようにヒットする

▲ 壁に記した的に当たればOK

## step 2　的を狙う・長い距離（ノーバウンド）

▲ 壁に向かって10メートルほど離れて立つ。自分でトスを上げる

▲ ノーバウンドで壁に当たるようにヒットする（サーブのような感覚）

▲ 壁に記した的に当たればOK

### アドバイス

## 「的に当てる」というコントロールを重視する

狙ったところに打つのは意外と難しいことです。ボールにドライブ回転をつけた場合、フローターサーブのように回転をかけない場合、どちらも練習しましょう。手のひらにきちんと当て、なおかつ的に当たるという自分なりの感覚をつかんでいきます。

# 「身長と食事の関係性」

## 背を伸ばすためには骨の成長が大事

バレーボールはプレーに身長が大きな影響を及ぼすところがあります。そのため、バレーボールをプレーする上では、できる限り身長を伸ばしたいと思うのがプレーヤー心というものかもしれません。一般的に、身長に影響する要因が明らかにされていますが、その一つは遺伝的要因です。これについては、親や祖父母の身長や体格が遺伝するというものです。

しかし、この先天的な遺伝的要因だけが身長の決定要因ではありません。生活習慣などの後天的な影響要因もあります。まず私たちの骨の成長にはその主要成分であるカルシウムを食事などで摂取することが必要となります。そして、このカルシウムを身体が吸収するためには「ビタミンD」が必要となります。「ビタミンD」はイワシの干物やサケなどから摂取できますが、私たちが日光を浴びることでも植物の光合成のように体内で作られます。ですので、積極的に屋外に出て活動することも必要といえます。さらに、体内に吸収された「カルシウム」が骨に沈着するには「タンパク質」、「ビタミンK」が必要となります。この「ビタミンK」は納豆などに多く含まれています。

また、睡眠も重要です。寝ている間に成長ホルモンの分泌があるためです。この成長ホルモンは諸説ありますが、夜の10時から、午前2時ぐらいの間に分泌されるといわれています。したがって、この成長ホルモンの効果を最大限に活用するには早く寝るようにしましょう。以上のように、後天的要因を活かすためにより良い生活習慣を持つことも必要です。

# #第3章

## コントロールを磨く
## スパイク練習

ここからは各プレーに特化したメニューを紹介していきます。スパイクには
パワーも大事ですが、ボールをコントロールできないと得点にはつながりません。
スパイクに必要な動作を細かくわけ、一つひとつの技術を磨いていきましょう。

# 34 タオルスイング

**目的
効果** ヒッティング感覚づくり ❶
## 正しいスイングフォームを身につける

ハイパフォーマンスというものは、スピード、パワー、ダイナミックな動きの中で狙った動きができているか、コントロールがつけられるか、ということになります。そこで重要となってくるのが、正しいフォーム

です。正しいフォームが身についていないと正確性は上がりません。鏡などの前で自分のフォームを見ながらスイングを行い、より正しいフォームを身につけましょう。

**Point**
ジャンプするときのイメージで行う

▲ タオルを利き手で持ち、両腕でバックスイングする

※写真は右利き

**Point**
ボールがあると仮定し、タオルを持っていない方の手で狙いを定める

▲ テイクバックする

**Point**
肩に負担がかからないように、肩の少し前でスイングする

▲ スイングすると同時に、反対の腕を引き寄せる

▲ 最後までしっかり振り抜く

# 35 テニスボールキャッチ

**目的 効果** ヒッティング感覚づくり ❷
## ミートする感じをつかむ

　ボールをキャッチする動きは、スパイクを打つときのスナップ動作に似ています。実際のスイング動作を行いながら、ボールをキャッチし、手首の動きを覚えていきましょう。

　はじめはまっすぐキャッチし、慣れてきたら、インナー打ち、クロス打ちなどを想定して、スナップの効かせ方に変化をつけていきます。

## step1 ストレート

▲ テニスボールを真上に投げて、テイクバックする

▲ ボールを上からつかみにいく

▲ キャッチしたらスナップをきかせながら振り切る

## step2 インナー打ち

▲ 手首のスナップを親指から外方向にひねる感じでキャッチする

## step3 クロス打ち

▲ 手首のスナップを小指から内方向にひねる感じでキャッチする

# 36 壁打ち〔ミート感覚編〕

## 手のひらでボールを捕らえる

スイング、スナップの自主練習をしてきましたが、次の段階として身につけておいてもらいたいのが、ミート感覚です。しっかり手のひら全体を使って、ボールをヒットするこ

とを覚えます。壁打ちなどで繰り返し練習することができるので、回数を重ねて自分のものにしていきましょう。

### step1 通常バージョン

◀トスを上げる

**1**

◀ヒジを上げてテイクバックする

**2**

**Point**
打点は肩の少し前、ヒジは伸ばす

◀ボールを捕らえる

**3**

◀スナップをきかせてヒットする

※ボールを床に叩きつけ、壁に当たって戻ってくるようにする

**4**

## step 2 片ヒザ立ちバージョン

ヒザをついて行うことで、下半身の動きが制限されるため、
上半身の動きを中心に行う練習です。

▲ 左足を前に出し、肩
ヒザ立ちとなる

※右利きの場合。左利きの場合
は逆となる

▲ トスを上げる

▲ スナップをきかせて
ヒットする

※ボールを床に叩きつけ、壁に
当たって戻ってくるようにする

### アドバイス

## 片手トス、両手トスを練習しておく

　トスの上げ方は、片手と両手、2パ
ターンあります。ヒッティングの練習

ですが、どちらの上げ方も練習してお
くと、サーブにも応用できます。

**両手**

**片手**

# その場ヒッティング

| 目的<br>効果 | ヒッティング感覚づくり ④<br>**ボールを飛ばす** |

　68～69ページの壁打ち練習では、ボールを床に叩きつけました。そこでつかんだミート力をいかし、今度はボールをを遠くへ打つ、コートの奥へ打つような打ち方をしていきます。遠くに飛ばしたい場合、打ち方、スナップの使い方が変わってくるので、この練習で感覚をつかみます。

## step1 自分でトスを上げて打つ

▲ トスを上げる

※壁やネットの前で行うか、パートナーがいる場合はパートナーに目がけて打つ

▲ ヒジを上げてテイクバックする

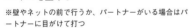

▲ スイングに入り、ボールを捕らえる

▲ ボールをヒットする

## step 2 前から来た ボールを打つ

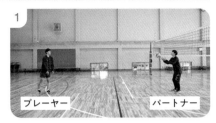

プレーヤー　　　　パートナー

▲ 2～3メートル離れて向かい合い、パートナーに山なりのボールを投げてもらう

▽

▲ ボールの落下地点を読んでテイクバックする

▽

▲ ノーバウンドで打ち返す
※徐々に距離を延ばしていく

## step 3 横から来た ボールを打つ

プレーヤー　　　　パートナー

▲ パートナーに横から山なりのボールを投げてもらう

▽

▲ ボールの落下地点を読んでテイクバックする

▽

▲ 前方向に打つ
※トスは左右から上げてもらうようにする

アドバイス

## ボールの飛距離を延ばしていく

　徐々に飛距離を延ばしていくと、ヒットする感覚も変わってきます。またパートナーが正面にいる場合はパートナーを目がけて打ち返すことで、コントロール練習にもつながります。

# 38 助走のイメージトレーニング

助走からジャンプまでの練習 ❶
## 助走を身につける

　スパイク練習のとき、いきなりボールを使って練習すると、ボールに合わせようとして助走ができていない人がいます。助走は高く跳ぶためのものなので、まずはボールなしで足の動きだけを練習します。ある程度、助走ができるようになったら、

次の段階として助走の速度を上げ、加速して踏切に入るようにしていきます。また歩数は、その時々のボールとの距離感、ボールの高低差によって違ってくるので、1歩、2歩、3歩すべての助走を体に染みこませておくと良いでしょう。

## 【1歩助走】

▲ ①構えの姿勢②利き足を大きく1歩振り出す③踏み切る④ジャンプする

## 【2歩助走】

▲ ①構えの姿勢②利き足ではない方の足で1歩目を踏む③2歩目を大きく振り出す④踏み切る⑤ジャンプする

# 【3歩助走】

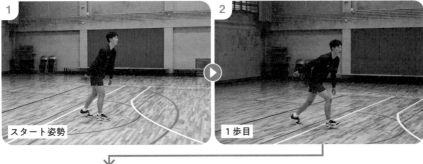

1　スタート姿勢　　2　1歩目

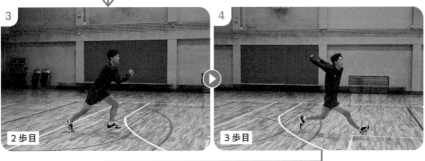

3　2歩目　　4　3歩目

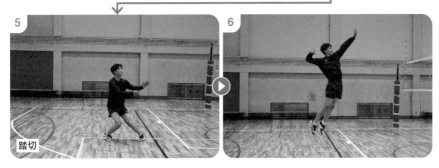

5　踏切　　6

▲　①構えの姿勢②利き足を軽く1歩出す③利き足ではない足で2歩目を踏む④3歩目を利き足で大きく振り出す⑤踏み切る⑥ジャンプする

アドバイス

## 一連のスパイク動作につなげる

　助走からの踏切がスムーズにできるようになったら、ジャンプしたあとに空中でのテイクバック、スイングして着地までの、一連のスパイク動作の練習も行いましょう。

PART
1
バレーボールに役立つ
ストレッチング

PART
2
バレーボールに役立つ
トレーニング

PART
3
コントロールを磨く
スパイク練習

PART
4
精度を上げる
オーバーハンド＆
アンダーハンド

PART
5
正確性を高める
サーブ＆ブロック

# 39 新聞紙ジャンプ

**目的効果** 助走からジャンプまでの練習 ❷
## 最後の1歩を大きく踏み切る

助走からジャンプしてスイングにいたるまでの過程で、助走のときの最後の1歩は大きくなります。なぜ最後の1歩が大きいかというと、より高くジャンプするためには助走を加速させていく必要があり、助走を速くするためには「広い歩幅」が求められるからです。ここでは最後の1歩にフォーカスし、新聞紙などを飛び越えることで、最後の1歩の意識づけを行います。

スタート姿勢

▲ 軽く構える

▲ 小さく1歩目を踏み出す

**3**

▲ 2歩目の歩幅はやや大きく

**4**

Ⓟ Point

最後の1歩を大きく

▲ 3歩目の歩幅は大きく、ここで新聞紙を
跳び越える

**5**

踏切

▲ 両足で踏み切る

**6**

Ⓟ Point

左足をストッパー
がわりにして、ジャン
プの力に変える

▲ ジャンプしてスイングする

アドバイス

## バックスイングは大きく

走って来た横方向の勢いを、縦方向のジャンプに切り替える踏切では、両腕を大きく後ろに引き、そこから大き

く速い動作で振り上げることが大切です。しっかりできればできるほど、体が前に流れることを防いでくれます。

# 40 空中スイング体感メニュー

**目的 効果** 空中でのスイング感覚をやしなう

　動いているボールをいきなりジャンプして打つのは難しいと思います。まずは持っているボールをジャンプして投げてみたり、止まっているボールをジャンプして打ってみたりして、空中でのスパイク動作を実践してみます。とくにボールを投げる動作ではスパイクのフォームを意識して投げるようにしましょう。

## 【止まっているボールを打つ】

▲ 助走から最後の1歩を大きく振り出す　　▲ 両足で踏み切る

▲ ジャンプしてテイクバック　　▲ スイングしてボールをヒットする

# 【テニスボール投げ】

▲ テニスボールを利き手に
持ち、助走する

▲ 最後の1歩を大きく振り出す

▲ 両足で踏み切る

▲ ジャンプしてテイクバック

**Point**
スパイクをイメージし
ながら腕を振る

▲ スイングする

▲ テニスボールを投げる

**アドバイス**

## 助走も忘れずに！

はじめは1歩助走からはじめます。
スイングの感覚をつかめてきたら、2
歩、3歩と助走の歩数を増やすととも

に助走を加速させ、踏切を鋭く行い、
より実際のプレーに近づけていきます。

# ジャンピングキャッチ

**目的 効果** タイミングをつかむ ❶
## ジャンプして高いところでボールを捕らえる

ここからはスパイクのときのタイミングに特化したメニューを行っていきます。タイミングの取り方は、スパイクの中でもっとも難しいことかもしれません。感覚の問題なので、

まずは自分でボールを頭上に投げ、高いところでキャッチすることから覚えていきましょう。はじめはトスの高さを一定にすることで、タイミングが図りやすくなります。

## step1 その場ジャンピングキャッチ

▲ ボールを持って立つ

▲ 直上にボールを投げる

▲ バックスイングする

▲ ジャンプして、一番高いところでキャッチする

## step2 助走からのジャンピングキャッチ

▲ ボールを高く前に投げ、助走を入れてジャンピングキャッチする

## step3 トスされたボールをジャンピングキャッチ

◀パートナーに横から山なりのボールを投げてもらう

プレーヤー
パートナー

◀ボールを見ながら助走に入る

◀ボールの落下地点に入り、両足で踏み切る

◀ジャンプして一番高いところでキャッチする

アドバイス

## ボールに変化をつける

はじめは同じような高さで行い、慣れてきたらトスの高さを一定にせず、高かったり、低かったり、距離を変えてみたりして、いろんなトスに対応できるようにしましょう。

# セルフトスからのスパイク

<table>
<tr><td>目的<br>効果</td><td>タイミングをつかむ ❷<br>**自分で上げたトスを高い打点で打つ**</td></tr>
</table>

　実際のスパイクでは、セットアップされたボールの低さ、高さ、速度にあわせて、タイミングをはかってジャンプし、できるだけ高いところでボールをヒットしなければなりません。ジャンピングキャッチ（78〜79ページ）で身につけた感覚をいかし、実際にスパイクを打ってみましょう。

## step1　その場ジャンプからのスパイク

1 ▲ ボールを持って壁などの前に立つ

2 ▲ トスを頭上に上げる

3 ▲ 両足で踏み切る

4 ▲ ジャンプしてヒットする

# step2 助走→ジャンプからのスパイク

▲ 自分でボールを前方向に放り投げる　　▲ ボールを見ながら助走に入る

▲ ボールの落下地点に入り、　　▲ ジャンプする
両足で踏み切る

▲ 高いところでヒットする　　▲ 腕を振り抜いて、着地する

### アドバイス

## トスの上げ方にも注意

　自分よりも前にトスを上げているつもりでも、トスが戻ってきてしまう場合は、手首を使いすぎている可能性があ

ります。手首を返しすぎるとボールが自分に向かってきてしまうので、トスの上げ方には注意しましょう。

# 43 バウンドボール・スパイク

目的
効果

タイミングをつかむ ❸
## さまざまなボールに対応する

　パートナーがいないときでも、地面が平らな場所があれば、ボールを両手で地面に叩きつけ、落ちてきたボールをトスに見立てて打つ練習ができます。自分でトスを上げるのとは違って、バウンドの加減によってボールの高さが不規則になるので、感覚をつかむにはとてもいい練習になります。

1

▲ ボールを両手で持つ

2

▲ 床にボールを叩きつける

3

▲ ボールを見ながら、助走をはじめる

4

▲ 大きくバックスイングしながら、最後の1歩を大きく踏み出す

▲ 落下地点に入り、踏み切る

▲ ジャンプする

▲ 高い打点でヒットする

▲ 腕を振り抜いて、着地する

アドバイス

## ボールの叩きつけ方に注意する

　ボールをバウンドさせるとき、あまり前の方に叩きつけると、移動距離が長くなり、打ちづらくなります。叩きつける力加減、角度も自分なりの感覚が必要となります。

PART
1
バレーボールに役立つ
ストレッチング

PART
2
バレーボールに役立つ
トレーニング

PART
3
コントロールを磨く
スパイク練習

PART
4
精度を上げる
オーバーハンド＆
アンダーハンド

PART
5
正確性を高める
サーブ＆ブロック

## 44 スパイク練習

目的
効果 **これまでやってきた総合的なスパイク練習**

スイングフォーム作りからミート感覚、ヒッティング感覚、助走、空中でのスイング動作、タイミングの取り方と、スパイクの動作をパーツごとにわけて練習してきましたが、一連の動きを結合させて、実際にスパイクを打ってみます。

### step1 前方向からのトスを打つ

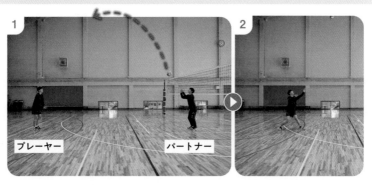

▲ 3〜4メートル離れて向かい合う。パートナーに山なりのボールを投げてもらい、ボールを見ながら助走に入る

▲ 落下地点に入り、踏み切る

▲ ジャンプする

▲ 高いところでヒットする

PART
1 バレーボールに役立つ
ストレッチング

PART
2 バレーボールに役立つ
トレーニング

PART
3 コントロールを磨く
スパイク練習

PART
4 精度を上げる
オーバーハンド＆
アンダーハンド

PART
5 正確性を高める
サーブ＆ブロック

## step2 横方向からのトスを打つ

▲ パートナーに山なりのトスを横から上げて
もらう

▲ トスを見ながら助走に入る

▲ バックスイングをしながら、最後の1歩を大
きく踏み出す

▲ ジャンプする

利き手でない方の
手は、ボールの方
向にかざす

▲ 空中でテイクバックする

スイングと入れ替わりで、
反対の手を引く

▲ 腕を振り下ろし、ボールをヒットする

アドバイス

## 左右に打ちわける

スパイクがスムーズに打てるように
なったら、レベルアップさせて、左右

への打ちわけにもチャレンジしてみま
しょう。

# 3人組のトライアングル打ち

**角度のあるトスに慣れる**

実際のゲームではディグが乱れ、自分の斜め後ろからハイセットされるケースもあるでしょう。横から来るトスを打つ前に、仲間が3人いる場合は、左右にいるパートナーから順番にトスをもらい、徐々にパートナーのいる位置を横に広げていくような練習で、角度のあるボールを打つことにも慣れていきましょう。

**step 1** はじめは、ボールが来た方向に打ち返す

▲ プレーヤーが三角系の頂点に立つ形で、左右のパートナー①②はそれぞれボールを持つ。パートナー①がプレーヤーに向かって山なりのボールを投げる

▲ プレーヤーはパートナー①の方を向いて、①に打ち返す

▲ プレーヤーは体をパートナー②に向き直し、②が山なりのボールを投げる

▲ プレーヤーはパートナー②に打ち返す

PART
1
バレーボールに役立つ
ストレッチング

PART
2
バレーボールに役立つ
トレーニング

PART
3
コントロールを磨く
スパイク練習

PART
4
精度を上げる
オーバーハンド＆
アンダーハンド

PART
5
正確性を高める
サーブ＆ブロック

## step2 ボールが来る角度を変えていく

いろいろな角度から
飛んで来るボールを
正面に打ち返す

パートナー①　　　プレーヤー　　　パートナー②

▲ プレーヤーが三角系の頂点に立ち、左右のパートナー①②から交互に飛んで来る山なりのボールを、前方向に打ち返す

### アドバイス

## セットアップは後ろからも上がってくる

パートナーの位置を扇状に開いていくと、段階的に71ページのような横から来るボールになります。さらにパートナーの位置を開き、図のようにプレーヤーのナナメ後ろからボールが上がって来るような状況が最終形となります。後ろからくるボールを前方向に打つことで、ハイセットなどを想定した練習にもなります。

### 真上から見た位置関係

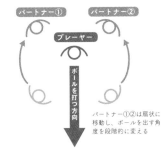

パートナー①　　パートナー②

プレーヤー

ボールを打つ方向

パートナー①②は扇状に
移動し、ボールを出す角
度を段階的に変える

# 「イメージトレーニング」

## 目指すプレーヤーのプレーを繰り返し観る

　一人でできる練習には、プレーすること以外にもイメージトレーニングがあります。このイメージトレーニングとは、自身の頭の中で、目指しているプレーを思い浮かべるということになります。

　そして、イメージとレーニングを行うには、目指すプレーが明確になっていなければなりません。そのためには、実際に人のプレーを観たり、映像を観たりすることになります。ですので、イメージトレーニングを行うには、自分で目指すプレーヤーやプレーを見つけ、それらの映像を繰り返し観ることが重要です。

　ある研究では、映像を見ているときや、頭の中でイメージしているときにはその動きを実際に行っているときと同じ脳の働きがあることが分かっています。したがって、皆さんの脳にとっては「観る」、「イメージする」ということも実は練習しているときと同様の効果があるということです。また、目指すプレーを行っている自身のプレーや動きを確認することも必要となります。この時は、自身のイメージそしてプレーしている感じと実際の動きがどの程度一致しているかまたは、ずれているか確認すると良いでしょう。

# #第4章

## 精度を上げるオーバーハンド
## &アンダーハンド

オーバーハンドとアンダーハンドはパス、セット、ディグ、レセプションで使われます。どの場面においても、求められるのは正確性です。動きながら、いかに次のプレーヤーが扱いやすいボールを出せるかを意識し、動きの質を高めていきましょう。

# 46 ヘディング

## 目的効果 オーバーハンドの捕捉感覚をやしなう

　ボールの落下位置に入ることはプレーをする上で、とても大事なことになります。目ではボールを追えているけれど、足が動いていないという人は、自分とボールとの距離感がつかめていないのかもしれません。頭上キャッチやヘディング練習でボ

ールを捕捉する感覚をつかみ、しっかりとボールの下に入ることができるようにしましょう。ただボールを投げたとき、高すぎるとヘディングしたときの衝撃が強いので、ボールの高さには注意してください。

### step 1 頭上キャッチ

▲ ボールを直上に投げて、頭上でキャッチする

### step 2 ヘディング

▲ ボールを直上に投げて、ヘディングする

### step 3 飛んで来るボールをヘディング

▲ 2〜3メートル離れて向かい合い、パートナーに投げてもらったボールの落下地点に入りヘディングで返す

# 47 オーバーハンドのリフティング〔初級編〕

**目的 効果** オーバーハンドのボールタッチ感覚 ❶
## はじき方を覚える

オーバーハンドのボールの扱い方は、他のスポーツにはない動きだと思います。ボールを打つわけでもなく、持つわけでもない、段階を踏みながら、このはじくという動作の、感覚をつかんでいきます。ボールを

「受ける」と「はじく」のタイミングを覚えるために、まずは一度ボールを持ち、押し出すことから始め、徐々に持つ時間を短くしていくといいでしょう。

## →1 step 片手

1　2

▲ 頭の上で、左右の手を交互に使い片手でボールをはじく

## →2 step 両手

**◎Point**
両手、両腕を
同調させる

1　2

▲ 頭の上で、両手でボールをはじく

# 壁を使ったチェストパス

**目的効果** オーバーハンドのボールタッチ感覚 ❷
## 手首の使い方を覚える（はじく感覚を身につける）

オーバーハンドパスのボールのはじき方を説明するとしたら、一番近い手首の使い方がバスケットボールのチェストパスだと思います。両手でキャッチして、ボールを投げる動作ですが、パスまわしを速くしたときの動きが、オーバーハンドパスに似ています。ボールを持って、すぐに出すという手首の動きを身につけるため、壁を使って練習していきます。

### →**1** 胸の前パス

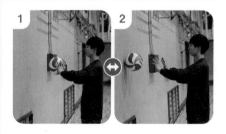

▲ 壁に向かって30〜50センチほど離れて立ち、チェストパスを繰り返す

### →**2** 顔の前パス

▲ 壁に向かって30〜50センチほど離れて立ち、顔の前で、パスを繰り返す

### →**3** 額の前パス

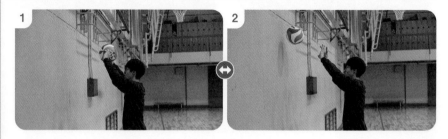

▲ 壁に向かって30〜50センチほど離れて立ち、おでこの前（オーバーハンドパスの位置）で、パスを繰り返す

PART
①
バレーボールに役立つ
ストレッチング

PART
②
バレーボールに役立つ
トレーニング

PART
③
コントロールを磨く
スパイク練習

PART
④
精度を上げる
オーバーハンド＆
アンダーハンド

PART
⑤
正確性を高める
サーブ＆ブロック

## step4 座ったり、立ったりしながらパス

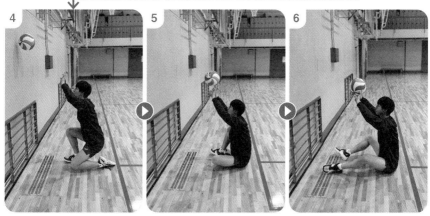

▲ 壁に向かって、50cmほど離れて立ち、オーバーハンドパスを繰り返しながら、座ったり、立ったり
を繰り返す

アドバイス

### 力の加減や手首の使い方を調整する

　連続でパスをしながら、立ったり座ったりの動作を追加することで、ボールのコントロールがより難しくなってきます。力の加減や手首の使い方を調整し、ボールコントロールを乱さないためにも、できるだけ体勢を崩さないよう頑張ってみましょう。

# オーバーハンドのリフティング〔応用編〕

目的
効果
**オーバーハンドのボールタッチ感覚 ③**
## 動きながらボールをコントロールする

　リフティング練習の応用編として、パスに高さを出したり、前後左右に出したりして、ボールをコントロールしていきます。また、片足リフティングは、バランスをとりながら下半身の上下運動でボールをコントロールするため、安定した姿勢が大事

です。とくにセッターはネット際のボールを片足で踏ん張りながらのセットアップするようなケースがあるので、不安定な状況でも上半身が同じように使えるようにしておきましょう。

【オーバーハンドの直上パス】

▲ パスの高さを決め、オーバーハンドの直上パスを連続で行う

【片足オーバーハンドの直上パス】

▲ 片足立ちになり、オーバーハンドの直上パスを連続で行う

## 【前後に動きながらのオーバーハンド直上パス】

▲ オーバーハンドの直上パスを前後（1〜2歩動く程度）に出し、動きながら連続で行う

## 【左右に動きながらのオーバーハンド直上パス】

▲ オーバーハンドの直上パスを左右（1〜2歩動く程度）に出し、動きながら連続で行う

## 前後左右を組み合わせる

前後の動き、左右の動きが安定してできるようになったら、前後左右の動きを連続で行い、より難易度を上げた練習に取り組みましょう。

# MENU 50 壁オーバーハンドパス

**目的 効果** コントロールをやしなう ❶
## 狙ったところにパスを出す

　ディグやレセプションが乱れてしまった場合、セッターやボールに近いプレーヤーが追いかけていきセットアップするというケースはよくあると思います。最終的にオーバーハンドパスで9メートル以上飛ばすことを目標にして欲しいですが、まずは3メートルくらいの距離から狙ったところにパスを出せるかを確認しながら、徐々に距離を延ばしていきましょう。また狙う場所を、高くしたり、低くしたり、あるいは的のサイズを変えるなどして変化をつけていくのがオススメです。

### step1 3メートルの距離

▲ ①壁から3メートルほど離れたところに立つ②オーバーハンドパスで壁の的に当てる

## step 2　6メートルの距離

▲ ①壁から6メートルほど離れたところに立つ②オーバーハンドパスで壁の的に当てる

## step 3　9メートルの距離

▲ ①壁から9メートルほど離れたところに立つ②オーバーハンドパスで壁の的に当てる

 アドバイス

## 回転がかからないようにはじく

　思い切り飛ばそうとしてボールに回転がかかってしまう場合があります。そのようなときは、手首の使い方を間違えている可能性があります。飛ばすことも大事ですが、まずは正しくはじくことを心がけましょう。

# 51 回転パス&仰向けパス

**目的 効果** コントロールをやしなう ❷
## 動きのある中で狙いをつける

ゲーム中は方向転換してのパスだったり、振り向きざまのボールへの反応だったり、さまざまなケースがおこります。とくにセッターはネットに背を向けて仲間を見つつ、ボールが来たら、体を回転させてセットアップする必要があるので、平衡感覚を発揮しながら狙った場所にパスを飛ばす練習をしていきます。また仰向けになってのパスは実際のプレーにはありませんが、これも平衡感覚が求められ、コントロールする練習となります。

【回転オーバーハンドパス】

step1 90度回転

▲ 壁から2～3メートル離れたところに横向きに立ち、ボールを直上に投げる

▲ 体を90度回転させる

▲ 壁の方を向いて、オーバーハンドでボールを捕らえる

▲ はじいて壁に当てる

## step 2 180度回転

▲ 壁から2〜
3メートル離れ
たところに後ろ
向きに立つ

▲ ボールを
直上に投げる

▲ ボールを
見ながら180
度回転する

▲ 壁の方を
向いて、落下
地点に入る

▲ オーバー
ハンドでボー
ルを捕らえる

▲ はじいて壁
に当てる

## 【仰向けオーバーハンド】

Point

ボールをあまり高く上げな
いようにして「つかんで、
はじく」からはじめる

▲ 仰向けになり、オーバーハンドパスを繰り返す

アドバイス

### 狙いをつける

体に横回転が入ることでバランスが
とりづらくなりますが、つねに同じよ
うな場所を狙ってパスすることを心が
けましょう。

PART 1 バレーボールに役立つ ストレッチング

PART 2 バレーボールに役立つ トレーニング

PART 3 コントロールを磨く スパイク練習

PART 4 精度を上げる オーバーハンド＆ アンダーハンド

PART 5 正確性を高める サーブ＆ブロック

# 52 跳ね返りボールパス

目的
効果

コントロールをやしなう ❸

## 狙ったところにセットアップする

▲ 壁から2メートルほど離れた
ところで、壁に向かって立つ

　ボールを壁に投げ、跳ね返ってき
たボールをディグやレセプションに
見立てて、前・後ろに飛ばすセッタ
ー練習です。速く落下位置に入り、
素早く構えることがパスの正確性つ
ながっていきます。さらに大事なこ
とは、パスが遠くに飛ばすことと、
狙った位置にボールを送れているか
ということです。それにプラスして、
セッターはスパイカーを見て、パス
を合わせなければいけないので、視
野を広げるイメージを持つことも重
要です。

▲ 壁にボールを投げる

▲ 体を回転させながら、跳ね返ってきたボールの
落下地点に入る

※1〜3までの動作はフロントパスもバックパスも共通

## 【フロントパス】

▲ オーバーハンドでボールを捕らえる

▲ 前に飛ばす

※狙ったところにパスを出す。カゴなどに入れるか、パートナーにキャッチしてもらう

## 【バックパス】

▲ オーバーハンドでボールを捕らえる

▲ 後ろに飛ばす

※狙ったところにパスを出す。カゴなどに入れるか、パートナーにキャッチしてもらう

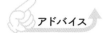
アドバイス

## シチュエーションを細かく変える

壁に当てる場所を変えたり、自分のいる位置を変えたりして、さまざまな状況をつくるとバリエーションが増え、より実戦に近い練習となります。

## MENU 53 腹ばいパス

目的
効果

**2人組トレーニングパス ❶**

## オーバーパスをしながら背筋をきたえる

　トレーニング目的とパス練習を組み込んだメニューを紹介します。フィジカル面では筋力トレーニングになっていますが、パスという視点では、他の動きをしながら、さらにコントロールが求められるというかなり難易度が高い内容になっています。パスが続かない場合は、パートナーにボールを投げてもらうバージョンでもかまいません。

## 【両サイドでパス】

◀1.5〜2メートルの距離で向かい合い、腹ばいになる **1**

◀ボールが来たら、背筋を使って上体を反らす **2**

◀額の前でボールを捕らえる **3**

◀オーバーハンドパスではじき返す **4**

# 【片方がパス】

◀うつ伏せになる。パートナーは1.5〜2メートル離れたところからボールを低めに出す

1

◀ボールが来たら、背筋を使って上体を反らす

2

◀額の前でボールを捕らえる

3

◀オーバーハンドパスではじき返す

4

アドバイス

## 背筋でキープする

上体を反ったときにキープ感がないと、ボールをコントロールすることができないので、反らしたときに少し姿勢をキープしてパスするようにしましょう。早く起き上がりすぎても、待っていられないのでタイミングも大事です。

# 54 腹筋パス

**2人組トレーニングパス ❷**
## オーバーパスをしながら腹筋をきたえる

　トレーニングとパス練習を組み込んだメニューの2つめです。前ページでは背筋を使ったパスを紹介しましたが、今度は腹筋を使ったパス練習となります。上体を起こしているときにボールをセットし、ボールが手から離れたらすぐに仰向けになります。この動きを互いに繰り返し、腹筋とオーバーパスを繰り返していきます。背筋パスと同じようにパスが続かない場合は、パートナーにボールを投げてもらうバージョンで行うようにしましょう。

## 【両サイドでパス】

▲ 1.5〜2メートルの距離で向かい合い、仰向けになりヒザを90度に曲げる

▲ ボールが来たら、腹筋を使って起き上がる

▲ 額の前でボールを捕らえる

▲ オーバーハンドパスではじき出す

# 【片方がパス】

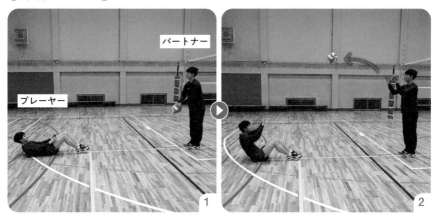

パートナー

プレーヤー

▲ 仰向けになりヒザを90度に曲げる。
パートナーは1.5〜2メートル離れたと
ころからボールを山なりに出す

▲ ボールが来たら、腹筋を使って起き上がる

▲ 額の前でボールを捕らえる

▲ オーバーハンドパスではじき出す

## アドバイス

## ボールを見るのを忘れずに

完全に仰向けになってしまうと、ボ
ールが来るのがわからないので、仰向

けのときも少し首を起こした状態でボ
ールから目を離さないようにしましょう。

# 55 ジャンプパス

2人組トレーニングパス ❸
## ジャンプトスの感覚を身につける

2人組トレーニングパスの最後の
メニューは、ジャンプしてのオーバ
ーハンドパス練習です。ジャンプ力
をきたえながら、空中での姿勢を保
ち、タイミングを計って行います。
お互いにこれをやり合うのが難しい

場合は、片方の人が下から投げたボ
ールをジャンプパスで返球するパタ
ーンでもOKです。その場合は、交
代でボールの軌道を低めにしたり、
高めにしたり組み合わせてボールに
変化をつけましょう。

## 【両サイドでパス】

◀2〜3メートルの距離で向かい合い、パスを出す

▲ パスが来たらジャンプしてオーバーハンドパスではじく

▲ ボールが落ちてくるタイミングと落下地点を見極める

▲ ジャンプして額の前でボールを捕らえる

▲ オーバーハンドパスではじき返す

## 【片方がパス】

**プレーヤー** **Point** **パートナー**

ボールの軌道に高低差をつける

▲ 2〜3メートルの距離で向かい合い、パートナーが山なりのパスを出す

▲ ボールが落ちてくるタイミングと落下地点を見極める

▲ ジャンプして額の前でボールを捕らえる

▲ オーバーハンドパスではじき出す

アドバイス

### 空中での力加減とタイミングが大事

ジャンプパスは空中での動作なので、ジャンプするタイミングとそこでの力加減が重要となります。足が床についていない状態でのハンドリングの練習にもなります。

PART
1 バレーボールに役立つ ストレッチング

PART
2 バレーボールに役立つ トレーニング

PART
3 コントロールを磨く スパイク練習

PART
4 精度を上げる オーバーハンド＆ アンダーハンド

PART
5 正確性を高める サーブ＆ブロック

## 落下地点に入り、適切なハンドリングを行う

オーバーハンドパスのコントロール練習（100～101ページ）では、壁を使って行いましたが、ここではより実戦に近いセッター練習にしていきます。パートナーにボールを投げてもらうことで、ボールの高低差、ボールを出す角度、ボールを出す距離などの要素を組み合わせることができ、バリエーション豊かな練習にすることができます。適切にボールの落下位置に入り、適切なハンドリングからセットアップできるよう心がけましょう。

### step1 角度60度

プレーヤー

パートナー

1

◀パートナーの方を向いて構える。パートナーにボールを投げてもらう

2

◀落下地点に入る

3

◀オーバーハンドでボールを捕らえる

4

◀前方向にはじき飛ばす

## step2 角度 100度

◀ パートナーの方を向いて構える。パートナーにボールを投げてもらう

1

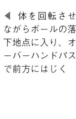

◀ 体を回転させながらボールの落下地点に入り、オーバーハンドパスで前方にはじく

2

## step3 角度 120度

◀ パートナーの方を向いて構える。パートナーにボールを投げてもらう

1

◀ 体を回転させながらボールの落下地点に入り、オーバーハンドパスで前方にはじく

2

## 【バックパス】

## step4 角度 45度

1

2

▲ パートナーの方を向いて構える。パートナーにボールを投げてもらう

▲ ボールの落下地点に入り、オーバーハンドパスで後方にはじく

バックパスもフロントパスと同様に徐々に角度をつけていく

アドバイス

### 一定の場所を狙う

セットアップしたボールが正確に出されているかが大事なので、落とす場所はつねに一定の場所を狙いましょう。意識づけとして、マークや箱を置き、そこを狙うようにしてもいいと思います。

# 57 アンダーハンドのボールキャッチ

<table>
<tr><td>目的<br>効果</td><td>アンダーハンドでのボールの捕捉感覚をやしなう ❶<br><big>ボールと自分との距離感をつかむ</big></td></tr>
</table>

ボールを捕捉する感覚づくりは第2章でもボールキャッチ（56～57ページ）を行いましたが、その応用編として、ここでは腕を伸ばしてキャッチします。体の側でキャッチするのと、腕を伸ばしてキャッチするのとでは意外と感覚は違います。アンダーハンドは腕を伸ばした状態でボールを捕るので、その状態での感覚をつくっていきましょう。ボールとの距離感をつかめてきたら、パートナーに投げてもらったボールをキャッチしたり、壁に当てたボールに反応して捕るようにしていきます。

## 【腹の前キャッチ】

### step 1 低いボール

▲ ボールを直上に投げて、腕を伸ばして腹の前でキャッチする

### step 2 高いボール＋レシーブ姿勢

▲ ボールを直上に投げて、腕を伸ばして腹の前でキャッチする

## 【跳ね返りボールキャッチ】

▲ 壁から2～3メートル離れたところに立ち、壁に向かってボールを投げる

▲ 跳ね返るボールの落下位置に向けて動き出す

▲ レシーブ姿勢で腕を伸ばしてキャッチする

## 【投げてもらったボールをキャッチ】

プレーヤー

💡Point

パートナーは高低差を付けたり、前後左右と投げ方を変える

パートナー

▲ 2～3メートル離れて向かい合い、パートナーにボールを投げてもらう

▲ ボールの落下位置に向けて動き出す

▲ レシーブ姿勢で腕を伸ばしてキャッチする

アドバイス

## 手の位置を意識する

　ヒジを軽く曲げた方がキャッチしやすいですが、ヒジを伸ばすことに慣れる練習です。またボールを見るだけでなく、伸ばした手で狙いをつけるという目的があります。手の位置は大事なので、しっかりここで感覚を身につけましょう。さらにレシーブ姿勢でキャッチすると、よりイメージが湧きやすいと思います。

# 58 フラフープ通し

アンダーハンドでのボールの捕捉感覚をやしなう ❷

## 体の正面でボールを捕る

アンダーハンドは自分とボールの位置関係をしっかりつかんで捕捉しなければなりません。フラフープを持つことで意図的に腕を伸ばした状態をつくり、自分とボールの位置関係をつかみます。基本的には体の正面でボールを捕らえ、フラフープの輪の中にボールを通していきますが、上手にできるようになったらボールを前後左右に散らしてもらい、ボールを追いかけた状態でも同じことができるように練習していきます。

## 【練習イメージ】

▲ 2〜3メートル離れて向かい合い、パートナーにボールを下投げしてもらう

▲ フラフープを持ってレシーブ姿勢で構える

▲ 落下地点を読んで動き出す

▲ 落下地点で止まり構える

▲ ボールをフラフープの中に通す

アドバイス

## ボールの高さ＆スピードをアレンジする

　ボールを前後左右に動かすだけでなく、高さやスピードに変化をつけると、難易度が増します。また基本は正面で捕りますが、どうしても間に合わないときは体の横でフラフープを通すようにすれば、自然と面づくりの練習にもなります。この写真では大きな輪のフラフープを使っていますが、輪の大きさを徐々に小さくすると難易度が上がります。

PART
1
バレーボールに役立つ
ストレッチング

PART
2
バレーボールに役立つ
トレーニング

PART
3
コントロールを磨く
スパイク練習

PART
4
精度を上げる
オーバーハンド＆
アンダーハンド

PART
5
正確性を高める
サーブ＆ブロック

# アンダーハンドのリフティング 〔初級編〕

**目的 効果** アンダーハンドのボールタッチ感覚 ❶
## ボールが当たる場所を一定にする

バレーボールというスポーツはボールを持ったり、止めたりしてはいけないので、打つ、はじくといった一瞬の動作の中で、狙った通りのボールコントロールする能力が求められます。そこで大事となってくるの

がボールタッチ感覚で、ここではアンダーハンドに特化したメニューを紹介します。基本の直上パスから、動きながらであったり、片足だったり、さまざまな方法で感覚をやしなっていきましょう。

## 【アンダーハンドの直上パス】

### step 1 基本

◀立った状態で、アンダーハンドの直上パスを連続で行う

### step 2 ヒザ立ち

◀ヒザ立ち状態で、アンダーハンドの直上パスを連続で行う

### step 3 長座

◀座った状態で、アンダーハンドの直上パスを連続で行う

## 【動きながらの直上パス】

▲ アンダーハンドの直上パスで紹介した基本（立位）、ヒザ立ち、座った状態での直上パスを動きながら連続で行う

## 【片足での直上パス】

**@Point**

バランス力と下半身を使ってコントロールする

▲ 片足になって直上パスを連続で行う

※反対の足でも行う

PART
1
バレーボールに役立つ
ストレッチング

PART
2
バレーボールに役立つ
トレーニング

PART
3
コントロールを磨く
スパイク練習

PART
4
精度を上げる
オーバーハンド＆
アンダーハンド

PART
5
正確性を高める
サーブ＆ブロック

**アドバイス**

### 当てるべき個所で捕球する

　強くはじいてしまうと、遠くに飛んでいってしまったり、狙った位置に飛ばなかったりします。うまく力を加減しながら、当てるべき個所できちんと捕らえることを意識して行います。

# 60 アンダーハンドのリフティング〔応用編〕

**目的 効果** アンダーハンドのボールタッチ感覚 ❷
## 動きながらボールをコントロールする

オーバーハンドのところでも行いましたが、今度は直上パスに高さを出したり、前後左右に出したりして、ボールをコントロールしつつ、練習内容にバリエーションを出していきます。アンダーハンドの場合、飛び込んでワンハンドでボールを上げるようなケースもあるので、片腕だけのリフティングも取り入れておくと良いと思います。はじめはボールがいろんな方向に飛んでいく可能性があるので周囲に注意が必要です。

## 【アンダーハンドの直上パス】

▲ パスの高さを決め、アンダーハンドの直上パスを連続で行う

## 【片手】

**Point** アンダーハンドのときにボールが当たる部分でリフティングする

▲ 片手でボールを連続して5回上げる。反対の手でも連続で5回行い、慣れてきたら左右の手を交互に使って行う

## 【前後に動きながらのアンダーハンド直上パス】

▲ アンダーハンドの直上パスを前後（1〜2歩動く程度）に出し、動きながら連続で行う

## 【左右に動きながらのオーバーハンド直上パス】

▲ アンダーハンドの直上パスを左右（1〜2歩動く程度）に出し、動きながら連続で行う

### アドバイス
## 腕の振りではなく、下半身を中心に使う

アンダーハンドパスは「受ける」で捕捉して、「送る」でほどよい力をボールに加えます。このときにできる限り腕の振りではなく、下半身の力を使うようにするとコントロールしやすくなります。

## MENU 61 壁打ちアンダーハンドパス

**目的効果** 「受ける」と「送り出す」の感覚を身につけ、精度を上げる

アンダーハンドパスは、ボールを捕らえたときに、「受ける」と「送り出す」という動作をほぼ同時に行っています。ボールを受けるとき、当てるべきところできちんと捕球し、加重を前足にしていくことでエネルギーをボールに伝え、送り出しているというイメージです。この動作を、壁を使って連続で行い、「受ける」と「送り出し」の一瞬の感覚を身につけます。また的などの目標物を置くことによって、よりアンダーハンドパスの精度を上げていきます。

### step 1 基本練習

◀壁に向かって1メートルほど離れ、レシーブ姿勢をとる。壁にボールを下投げで当て、アンダーハンドパスを連続で行う

**Point**
下半身を使って「受ける」と「送る」を同時に行う

### step 2 狙ったところに落とす

▲ 壁に向かって2〜3メートルほど離れて立ち、ボールを下投げで壁に当てる

▲ 跳ね返ってきたボールの落下地点に入り、ボールをアンダーハンドで捕球する

▲ ボールを下半身の力を使って送り出す　　▲ 狙ったところ（新聞紙）に落とす

## step3 動きながら狙ったところに落とす

▲ 壁に向かって2〜3メートルほど離れて立ち、ボールを壁にランダムに当てる　　▲ 跳ね返ってきたボールの落下地点に移動する

▲ 落下地点に入る　　▲ ボールをアンダーハンドで捕球し、狙ったところ（新聞紙）に落とす

アドバイス

## ヒザの曲げ伸ばし、前足への重心移動を使う

　腕を大きく動かすというよりは、ヒザの曲げ伸ばし、あるいは前足に重心移動することを中心とする意識を持って行いましょう。腕を大きく振ってしまうと肩から動くことになるのでコントロールの乱れにつながりやすくなります。

# 仮想パス、ディグ、レセプション練習

**目的 効果** 3種類の球質に合わせた
アンダーハンドを身につける

チャンスボール、スパイク、サーブではボールの捕らえ方と送り出し方に違いがあります。コートを使えないという想定で、下から投げたボール（チャンスボール）、上から投げたボール（スパイク）、飛距離の長いボール（サーブ）の3種類の球質をパートナーに出してもらい、それぞれの捕らえ方と送り出し方を身につけていきます。まずは基本となる捕球練習から段階を追って行っていきます。

## 【基本の捕球練習（当てて落とす）】

**Point**
ボールの勢いを吸収する

▲ ①投げてもらったボールの落下地点に入る②〜④ボールを捕らえて手前に落とす

# 【下から投げたボール（チャンスボール）】

## step 1 　近くから投げたボール

◀2～3メートル離れて向かい合い、パートナーに下からボールを投げてもらう

プレーヤー　　パートナー

◀落下地点に入る

◀ボールをアンダーハンドで捕らえる

◀ヒザを使って送り出す

PART
1
バレーボールに役立つ
ストレッチング

PART
2
バレーボールに役立つ
トレーニング

PART
3
コントロールを磨く
スパイク練習

PART
4
精度を上げる
オーバーハンド＆
アンダーハンド

PART
5
正確性を高める
サーブ＆ブロック

# 【スパイクをイメージしたボール】

## step1 上から投げる

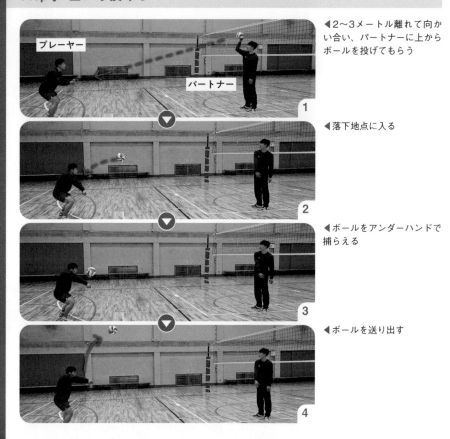

◀2～3メートル離れて向かい合い、パートナーに上からボールを投げてもらう

◀落下地点に入る

◀ボールをアンダーハンドで捕らえる

◀ボールを送り出す

## step2 上からヒットする

▲ 2～3メートル離れて向かい合い、パートナーに上からボールをヒットしてもらう

▲ アンダーハンドで捕らえて、ボールを送り出す

## 【 サーブをイメージしたボール 】

### step 1 遠くから投げたボール

プレーヤー
パートナー

▲ 9メートル以上離れて向かい合い、パートナーに上からボールを投げてもらう

🔽

▲ 落下地点に入る

🔽

▲ ボールをアンダーハンドで捕らえて、ボールを送り出す

### step 2 遠くからヒットしたボール

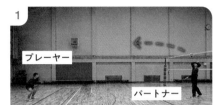
プレーヤー
パートナー

▲ 9メートル以上離れて向かい合い、パートナーに上からボールをヒットしてもらう

🔽

▲ 落下地点に入る

🔽

▲ ボールをアンダーハンドで捕らえて、ボールを送り出す

アドバイス

## 実際のゲームをイメージする

アンダーハンドを使う場面として考えられる3つの球質を想定し、捕捉+送り出すという総合的な練習なので、実際のパス、ディグ、レセプションをイメージして、的を置いたりして狙いをつけて返球を行うようにしましょう。

# 63 座ってパス

## 目的 効果 ２人組アンダーハンドパス ❶ 腕の使い方を覚える

座ってパスをすると下半身の力を使うことができません。つまり腕の動き、腕の振りでボールを飛ばすことになるので、力を加減しつつ、相手に返しやすいパスにするには、どういう感じで送ればいいのか、そう

いったところをコントロールできるようにします。続かない場合や、プレーヤーが一人のときはパートナーにボールを投げてもらうような形でも練習できます。

## 【両サイドでパス】

💡Point

ヒジを曲げないように、肩を起点に腕を動かすイメージ

▲ 1.5〜2メートルくらい離れて向かい合う。座った状態でアンダーハンドパスを行う

## 【片方がパス】

▲ 2メートルくらい離れて向かい合う。プレーヤーは座った状態となり、パートナーから投げてもらったボールをアンダーハンドパスで返す

# 64 フットワークパス

| 目的<br>効果 | **2人組アンダーハンドパス ❷**<br>**移動しながらパスを正確に返球する** |

　パスを出す上で大事なことは、送ったパスがどうような軌道で、また送った先の相手の位置がずれないよう、いかにボールをコントロールできているかという点です。まずは正面に投げてもらい、正確に返せるよ

うになったら、前後左右、あるいは高低差をつけて投げてもらいます。フットワークを使ってボールの落下位置に入り、タイミング、距離、位置を合わせて、正確なパスを意識します。

プレーヤー

**Point**
前後左右、高く低く、さまざまなボールを出すようにする

パートナー

1

2

▲ 3〜4メートルほど離れて向かい合う。パートナーに山なりのボールを投げてもらう

▲ ボールから目を離さずに移動する

3

4

▲ 落下地点に入り、構える

▲ アンダーハンドパスで返す

# 65 方向転換パス

**2人組アンダーハンドパス ③**
## 応用的な姿勢からのパス練習

回転オーバーハンドパスを98〜99ページで紹介しましたが、ここでは投げてもらったボールを頭上に上げて、体を90度回転させて横向きでアンダーハンドパス、または180度回転させて背面パス、さらには1回転（360度）して相手に返すという練習を行います。体勢を変えながら、ボールを狙ったところに送り返すという動作はゲームの中で起こりうるシチュエーションです。どちらかの回り方がやりづらいとかも出てくるので、自分の特性を知り、バランスや感覚を整えていきましょう。

## 【練習イメージ】

プレーヤー　パートナー

◀2〜3メートル離れて向かい合い、ボールを投げてもらう

## step1　90度回転

▲ アンダーハンドでボールを捕らえる

▲ ボールを真上に上げ、体を回転させる

▲ 90度回転させ、落下地点で構える

▲ 横を向いたままアンダーハンドパスで返球する
※反対まわりも行う

PART
1
バレーボールに役立つ
ストレッチング

PART
2
バレーボールに役立つ
トレーニング

PART
3
コントロールを磨く
スパイク練習

PART
4
精度を上げる
オーバーハンド＆
アンダーハンド

PART
5
正確性を高める
サーブ＆ブロック

## step2 180度回転

◀ アンダーハンドで
ボールを捕らえる

◀ ボールを真上に
上げる

◀ 体を180度回転
させる

◀ 後ろを向いたままアンダ
ーハンドパスで返球する

※反対まわりも行う

## step3 360度回転（1回転）

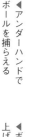

◀ アンダーハンドで
ボールを捕らえる

◀ ボールを真上に
上げる

◀ 体を360度回転
させる

◀ 正面を向いてアンダー
ハンドパスで返球する

※反対まわりも行う

アドバイス

## 狙ったところに返球する

　練習の目的としては回転オーバーハンドパスと同じになります。体の向きを変えた状態でボールを扱う感覚をやしないつつ、狙ったところに返せるよう目標を持って行いましょう。

# 66 複合パス

複合パス ❶

# アンダーハンドとオーバーハンドを瞬時に切り替える

ゲーム中はアンダーハンドがいいのか、オーバーハンドがいいのか、瞬時の判断が必要です。そのような状況を想定し、技術を切り替えながらボールを扱い、狙って送り返す練習となります。パス→直上→パスという要領で繰り返し行いますが、ただ続けるだけでなく、次にプレーする人が扱いやすい位置を狙ったり、直上パスを大きく上げたりするとコントロール練習になります。50回以上は安定して行えるようにしましょう。

## 【オーバー直上→アンダー返球】

◀ 2～3メートル離れて向かい合い、飛んで来たボールの落下地点に入る（オーバーハンドの構え）

▲ オーバーハンドでボールを直上に上げる

▲ アンダーハンドパスで返球する

※相手も同じようにオーバーハンドで直上に上げ、アンダーハンドで返球する。これを2人で繰り返す

# 【アンダー直上→オーバー返球】

PART
1
バレーボールに役立つ
ストレッチング

PART
2
バレーボールに役立つ
トレーニング

PART
3
コントロールを磨く
スパイク練習

PART
4
精度を上げる
オーバーハンド&
アンダーハンド

PART
5
正確性を高める
サーブ&ブロック

▲ 2～3メートル離れて向かい合い、飛んできたボールの落下地点に入る（アンダーハンドの構え）

▲ アンダーハンドでボールを直上に上げる

▲ オーバーハンドで捕らえる

▲ オーバーハンドパスで返球する

※相手も同じようにアンダーハンドで直上に上げ、オーバーハンドで返球する。これを2人で繰り返す

アドバイス

## ルールを決めた切り替え練習もやってみよう

　直上を入れたパスの切り替えに慣れてきたら、パスの種類にルールを決めた切り替え練習もやってみましょう。たとえばアンダーハンドパスを3回続けたら、オーバーハンドパスを1回入れるなど、2つのパスを切り替えながら行います。ルールの決め方は自由です。

## MENU 67

# 複数のボールを使ったパス練習

**目的・効果** 複合パス ❷
## 状況判断とボールコントロール能力をやしなう

バレーボールはボールを止めることができないスポーツなので、ボールと人の動きを見ながら判断して動くという能力が求められます。ここで紹介する練習は、技術というより、あそびながら動感覚を高めるというコーディネーションのプログラムとなります。複数のボールを使ってパスすることで、視野を広げつつ、それぞれの動作を正確に行っていくよう意識しましょう。実際のゲームで、仲間や相手の動きを意識しながら、プレーするということにつながっていきます。

## 【2個同時のアンダーハンドパス】

▲ 2～3メートル離れて向かい合う。それぞれボールを持ち、同時に投げる

▲ 飛んできたボールの落下地点に入る

▲ アンダーハンドで捕らえる

▲ アンダーハンドで返球する。これを繰り返す

# 【2個同時のオーバーハンドパス】

▲ 2〜3メートル離れて向かい合う。それぞれ
ボールを持ち、同時に投げる

▲ 飛んできたボールの落下地点に入る

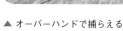

▲ オーバーハンドで捕らえる

▲ オーバーハンドで返球する。これを繰り返す

**アドバイス**

## パスを続けるようにする

ボールと人の動きを見ながら、パ
スの精度を上げていくことが目的です。
パスが続かないようであれば、はじめ
はオーバーハンドパスでもアンダーハ
ンドパスでもどちらを使ってもいいの
で、パスを続けるようにしましょう。

## 【 ボールとボールでパス 】

▲ 2〜3メートル離れて向かい合う。それぞれボールを両手で持ち、さらにもう1個のボールを、持ったボールではじき合う。これを繰り返す

## 【 直上投げ + アンダーハンドパス 】

▲ 2〜3メートル離れて向かい合う。それぞれボールを持ち、プレーヤーは直上に、パートナーは山なりのボールを投げる

▲ プレーヤーは飛んできたボールの落下地点に入る

▲ アンダーハンドパスで返球する

▲ 直上に投げたボールをキャッチする

## 【直上投げ + オーバーハンドパス】

**1** プレーヤー　パートナー

▲ 2〜3メートル離れて向かい合う。それぞれボールを持ち、プレーヤーは直上に、パートナーは山なりのボールを投げる

**2**

▲ プレーヤーは飛んできたボールの落下地点に入る

**3**

▲ オーバーハンドパスで返球する

**4**

▲ 直上に投げたボールをキャッチする

アドバイス

### 動きの順序を整理しながらプレーする

　2つのボールを見ながらうまく動けない場合は、38〜39ページの「複数のボールを使ったキャッチ＆スロー」のときのように、動作の順序を整理しながら、プレーをしていくと良いでしょう。

# 68 壁を使ったペッパー

**目的効果** 速いボールに反応しディグ、セット、ヒッティングの連続プレーを体験する

　壁に向かってボールを打ち（投げ）つけ、跳ね返ってきたボールをスパイクに見立てたディグ練習となります。一人で行う場合は、自分で壁にヒットし、ディグすることからはじめます。慣れてきたら、ディグボールを直上に上げ、自分でセットアップし、壁に打ち返すという一連の動きを落とさないように繰り返します。もし、続けてできない場合は、壁までの距離を縮めて小さめの動きで始めてみましょう。

## 【跳ね返りボールに反応する】

パートナー
プレーヤー

▲ 2〜3メートル離れて壁に向かってレシーブ姿勢で構える。パートナーはその後ろに位置する

▲ パートナーはボールを壁に投げつける

▲ 壁に当たったボールに反応する

▲ アンダーハンドで捕らえる

## 【一人壁ペッパー】

### step1 ヒット→ディグ

◀ 壁から2〜3メートル離れて、壁に向かってボールをヒットする 1

◀ 壁に当たったボールに反応する 2

◀ アンダーハンドで直上に上げる 3

◀ 再びヒットする 4

※2〜4を繰り返す

### step2 ヒット→ディグ→セットアップ

◀ 壁から2〜3メートル離れて、壁に向かってボールをヒットする 1

◀ 壁に当たったボールに反応する 2

◀ アンダーハンドで直上に上げる 3

◀ 自分でセットアップする 4

※1〜4を繰り返す

---

### アドバイス

## ディグでは腕を振らない

スパイクのような速度を伴ったボールを捕らえるとき、腕を振らないようにしましょう。パスと違い、ディグはその大前提として速度を捕らえなければ

いけません。腕を振ってしまう場合は、122ページの上から投げてもらったボールをアンダーハンドで返す練習に戻ると良いでしょう。

# 2人組のペッパー ❶

**目的 効果** コントロールを意識する

　一般的にウォーミングアップとして広く行われているメニューですが、それぞれの技術がコントロールされていないとラリーは続きません。ここではさまざまなペッパー（対人）プログラムを紹介します。最初からハードヒットするのではなく、まず

は「ヒッティング」と「ディグ」を安定して続けることを目標にします。慣れてきたらランダムに強打と軟打を織り交ぜ、より実戦に近づけた内容にしていきます。バリエーションを出した練習を目指しつつも、コントロールを意識しましょう。

## 【片打ちペッパー】

**step1** ディグで直上→オーバーハンドで返球

▲ 2〜3メートルの距離で向かい合い、パートナーにボールをヒットしてもらう

▲ ディグで直上に上げる

▲ オーバーハンドの体勢で落下地点に入る

▲ パスで返す

## $\overrightarrow{step}$2 ディグで直上→打ち返す

▲ 2〜3メートルの距離で向かい合い、パートナーにボールをヒットしてもらう

▲ ディグを少し高めに上げる

▲ セットに見立てて、落下地点に入る

▲ 打ち返す

 アドバイス

### ディグのコントロールをアバウトにしない

ただ飛んで来るボールを返球するのではなく、どういう角度の腕の面で、どのくらいの力み感で、どういう送り出し方をすれば相手が打ちやすいボールとなるのかを考え、ディグの質をアバウトにしないことが上達の鍵となります。

▲ 2〜3メートルの距離で向かい合い、パートナーに強打、軟打、前後左右にランダムにボールを
ヒットしてもらう

## 【両打ちペッパー】

▲ 2〜3メートルの距離で向かい合い、両サイドのプレーヤーが「ヒット」「ディグ」
「セットアップ」を交互に繰り返す

強打

セットアップ　ヒット

アドバイス

## ランダムなボール出しで実戦に近づける

　練習が思うようにできない時期など
は、このペッパー練習がゲームに近い
練習となります。強くヒットしたり、

フェイントを入れたり、左右に打ち分
けたりすることでより実戦に近づけま
しょう。

# 2人組のペッパー❷

**目的 効果** ディグ、セットアップ、
スパイクを一人で行う

　普通のゲームでは一人のプレーヤーが連続で3回ボールに触れることはありませんが、ここでは一人でディグ、セットアップ、スパイクまでおこなう"一人三役"のペッパー練習を紹介します。一人で三役を行いつつ、互いに打ち合うので、より高度なコントロール技術が求められます。ディグの高さは、はじめは低めが良いでしょう。コントロールできるようであれば高めにしていきます。次に落下地点に入りセットアップし、ジャンプしてのスパイクにつなげます。

1 プレーヤー① プレーヤー②

▲ 4〜5メートル離れて向き合う。プレーヤー②がオーバーハンドパスで直上に上げる

2

▲ プレーヤー②が助走から踏み込む

5

▲ プレーヤー①がオーバーハンドパスで直上に上げる

6

▲ プレーヤー①が助走から踏み込む

PART
1
バレーボールに役立つ
ストレッチング

PART
2
バレーボールに役立つ
トレーニング

PART
3
コントロールを磨く
スパイク練習

PART
4
精度を上げる
オーバーハンド＆
アンダーハンド

PART
5
正確性を高める
サーブ＆ブロック

**アドバイス**

## セットアップはアンダーハンドでもOK

セットアップからのスパイク動作がスムーズでない場合は、セットアップをアンダーハンドにしてみると良いでしょう。オーバーハンドよりもスパイクの動きにつなげやすくなります。

▲ プレーヤー②がスパイクを打つ

▲ プレーヤー①がディグで真上にボールを上げる

▲ プレーヤー①がスパイクを打つ

▲ プレーヤー②がディグで真上に上げる

※1～8を連続で繰り返す

# 2人組のペッパー ❸

**目的効果** 仮想ネットでより実戦に近い感覚を持つ

これまでさまざまなペッパー・プログラムを紹介してきましたが、これが最終形となります。ゴムや紐などを張ってネットの代わりにし、ペッパーを行います。実際のネットでなくても、ネットを想定することで、高さをイメージすることができます。ラリーにならない場合は、片方の人だけが打ってディグまで行うようにします。最終的にはこれを繰り返せるようにしましょう。

プレーヤー①

プレーヤー②

1

▲ 身長の高さくらいのところにゴムを張り、ゴムを中心にして9メートルほど離れて向かい合う。プレーヤー②が直上にボールを上げる

**アドバイス**

## ゴムの高さは自分の身長より少し高めに

ネットを使った練習ができない時期でも、最悪、ゴムなどが張れるような場所であれば、ゲーム感覚に近い練習を行うことができます。余裕があれば軽くジャンプして打つと、スパイクに角度がつき、さらに実戦に近くなります。

▲ プレーヤー②がスパイクフォームでヒットする

▲ プレーヤー①は落下位置に素早く入る

▲ プレーヤー①がディグで直上に上げる

▲ プレーヤー①は直上に上がったボールをセットに見立てて落下地点に入る

▲ プレーヤー①が打ち返す

▲ プレーヤー②がディグで直上に上げる

※2～7の動きを繰り返す

# フットワーク練習〔レセプション編〕

**目的効果** ゲームを想定したフットワークを覚える ❶

バレーボールはそんなに大きなコートではないので、フットワークといっても5メートルを越えるようなことはほぼありません。実際のゲームはボールに瞬時に反応し、移動して、切り返すという動作の繰り返し

となり、プレーヤーは向かってくるボールに対してさまざまな方向に素早く移動し、対応する必要があります。レセプションにおいては短い距離で前後左右、斜めの動きを覚えておくと良いでしょう。

## 【 前2ステップ 】

▲ ①構え姿勢②利き足を1歩前に出す③反対の足を引き寄せる④利き足をもう1歩前に出す⑤反対の足を引き寄せ、構え姿勢で止まる

※2ステップで元の位置に戻る

## 【 後ろ2ステップ 】

▲ ①構え姿勢②利き足を1歩後ろに出す③反対の足を引き寄せる④利き足をもう1歩後ろに出す⑤反対の足を引き寄せ、構え姿勢で止まる

※2ステップで元の位置に戻る

## 【斜め前2ステップ】

◀ ①構え姿勢②左足を斜め前に1歩出す③右足を引き寄せる④左足をもう1歩斜め前に出す⑤右足を引き寄せ、構え姿勢で止まる

※2ステップで元の位置に戻り、反対方向も同じように行う

## 【横2ステップ】

◀ ①構え姿勢②左足を1歩横に出す③右足を引き寄せる④左足をもう1歩横に出す⑤右足を引き寄せ、構え姿勢で止まる

※2ステップで元の位置に戻り、反対方向も同じように行う

## 【斜め後ろ2ステップ】

◀ ①構え姿勢②左足を斜め後ろに1歩出す③右足を引き寄せる④左足をもう1歩斜め後ろに出す⑤右足を引き寄せ、構え姿勢で止まる

※2ステップで元の位置に戻り、反対方向も同じように行う

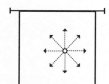 アドバイス

### 短い移動のフットワーク

試合中はボールの来る方向に合わせて図のような動きを繰り返しています。ステップと方向をイメージして繰り返し練習するようにしましょう。

# フットワーク練習〔セッター編〕

ゲームを想定したフットワークを覚える ❷

　ディグボール、レセプションボールは必ずしもセッターの位置に返るわけではありません。乱れたときは、セッターが自ら移動していく必要があります。またセッターが後衛にいるときは、セッター位置に移動しながらボールの落下位置に入り、セットすることになります。そのときに大事なのが足のさばきと、体をセットアップしたい方向に向けて止まることです。この動きはセッターに必要な要素と言えます。

## 【前方向へのフットワーク】

▲ セッター位置から、前方向のボールの落下地点まで走って行き、セットしたい方向に体を向けて止まる。セッター位置に戻る

## 【後ろ方向へのフットワーク】

▲ セッター位置から、ボールを見ながら半身で後ろ方向に走り、セットしたい方向に体を向けて止まる。セッター位置に戻る

# 【斜め後ろ方向へのフットワーク】

▲ セッター位置から、ボールを見ながら半身で斜め後ろ方向に走り、
セットしたい方向に体を向けて止まる。セッター位置に戻る

アドバイス

## 止まり方がポイント

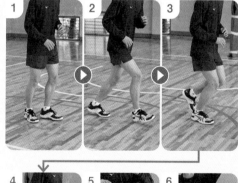

左の連続写真は、移動したセ
ッターがセットアップしたい方
向に体を向けて止まるときに使
う足のさばき方です。意識しな
がらフットワーク練習を行いま
しょう

### フットワーク練習
### してほしい動線

赤の点線がこのページで紹介して
いるフットワーク方向。この他に
も黒の点線で記した方向でフット
ワーク練習を行う

MENU
74

# ゲーム中の様々な動きをトレーニング

目的
効果
## 身体操作能力を高める

ゲーム中は瞬発的に動いて、切り返して動き直すという場面がよく見られると思います。このようなときに身体操作をスムーズに行うことができると、ボールのコントロール能力や、より鋭い、より巧みな動きが可能になります。段階を踏んで習得

したオーバーハンド、アンダーハンドの技術を、実戦的な動きにつなげていきましょう。実戦でありうる動きを連続写真で紹介するので、ボールが使えないときなど、ぜひ動きづくりのトレーニングとして取り組んでみてください。

## 【前後の切り返し】

Point
止まったときにグラつかない

▲ ①〜③ディフェンスのときの構えた姿勢で、2ステップで前に行き、④〜⑦すぐに切り返し、2ステップで後ろに戻る

> **Point**
> 「動く」「止まる」を
> スムーズに操作する

## 【左右の切り返し】

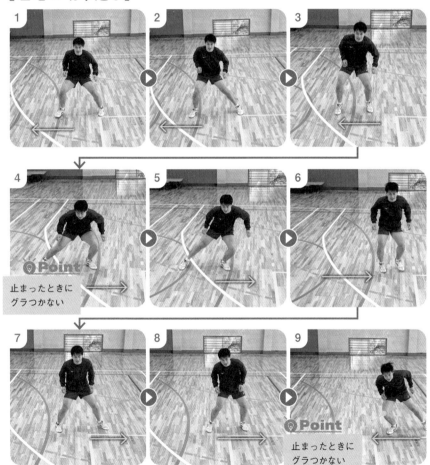

> **Point**
> 止まったときに
> グラつかない

> **Point**
> 止まったときに
> グラつかない

▲ ①〜③ディフェンスのときの構えた姿勢で、2ステップで横に移動する④〜⑥すぐに切り返し、2ステップで元の位置に戻る⑦〜⑨反対方向に2ステップで移動し、元の位置に戻る

※はじめは前後、左右と別々に行う。慣れてきたら、前後左右を連続で行う

## 【チャンスボールからのスパイク（センター攻撃）】

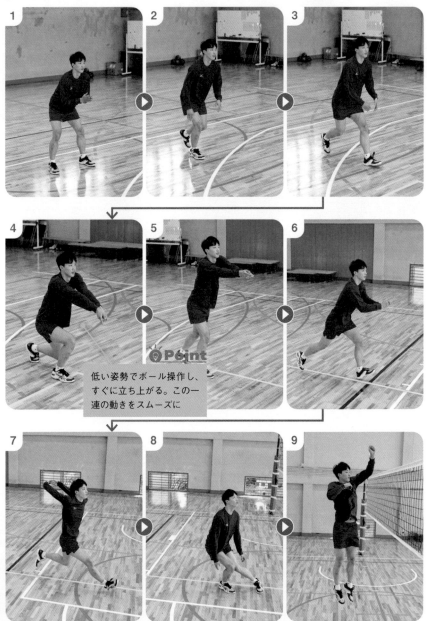

低い姿勢でボール操作し、すぐに立ち上がる。この一連の動きをスムーズに

▲ ①〜④ディフェンスのときの構えた姿勢から、正面に来たチャンスボールを低い姿勢でアンダーハンドで捕球する⑤〜⑨すぐに立ち上がり、そのままセンター攻撃に移行する

# 【チャンスボールからのスパイク（レフト攻撃）】

**Point**
低い姿勢でボール操作し、すぐに立ち上がる。この一連の動きをスムーズに

▲ ①〜③ディフェンスのときの姿勢で構える。レフトサイドから前に来たチャンスボールを低い姿勢のままアンダーハンドで捕球する④〜⑨すぐに立ち上がり、レフトに開いてレフトからの攻撃に移行する

PART
1
バレーボールに役立つストレッチング

PART
2
バレーボールに役立つトレーニング

PART
3
コントロールを磨くスパイク練習

PART
4
精度を上げるオーバーハンド＆アンダーハンド

PART
5
正確性を高めるサーブ＆ブロック

# 【ローリングレシーブ】

▲ ①〜③ディフェンスのときの構えた姿勢から、横方向に来たボールをレシーブする④〜⑧ローリングして起き上がる

※反対方向も同じように練習する

**Point**

カーペットなどの上で、なおかつ十分なオープンスペースを確認して行う

# 【ダイビングレシーブ】

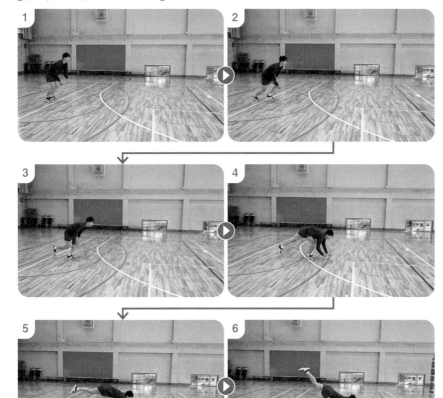

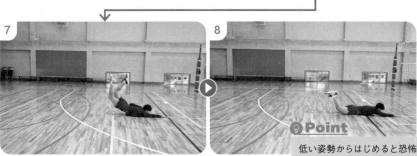

▲ ①〜⑥ディフェンスのときの構えた姿勢から、
前方向に来たボールを飛び込んでレシーブする⑦〜
⑧すべり込んで止まる

**Point**

低い姿勢からはじめると恐怖
心を抑えることがでる。徐々
に中腰になり、最終的には立
った姿勢から行う

# 【ディフェンス姿勢からのセットアップ（セッター）】

ディフェンス姿勢か
ら切り返していく

▲ ①〜⑤ディフェンスで構えた状態から、相手のセットアップに合わせて下がる
⑥〜⑫ボールが上がったあと、セッター位置まで走って行きセットアップする

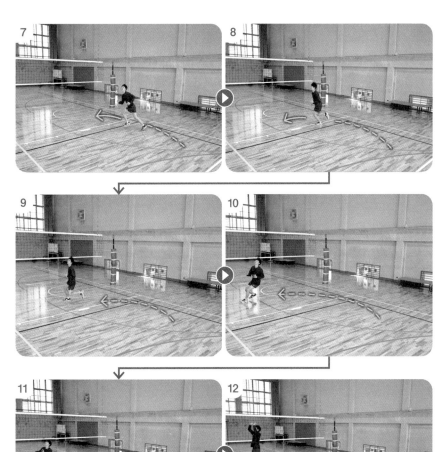

PART
1
バレーボールに役立つ
ストレッチング

PART
2
バレーボールに役立つ
トレーニング

PART
3
コントロールを磨く
スパイク練習

PART
4
精度を上げる
オーバーハンド＆
アンダーハンド

PART
5
正確性を高める
サーブ＆ブロック

アドバイス

## 「動」と「静」をスムーズに

　紹介した動きの中で共通しているの
は、「動」と「静」を連動させ、それ
をスムーズに組み合わせるということ
です。ゲーム中は移動したあとピタッ

と止まり、また瞬発的に動くような場
面はよくあるので、そのあたりを意識
して取り組みましょう。

# 「身長の低いプレーヤーへ」

## 身体操作能力、コントロール能力を 高めることで身長はカバーできる

　バレーボールは身長がものをいうスポーツと言われていますが、実際にはそこまで高身長でなくとも活躍している選手は多く存在します。一般の方々とは比較にならないかもしれませんが、身長が190㎝の石川祐希選手は世界最高峰のイタリアのプロリーグで活躍しています。しかし、チームメートだけでなく、対戦相手の世界のトッププレーヤー達の身長は2m以上やそれに近い選手たちです。

　このように、石川選手は決して世界で戦うには高身長とは言えない体格で、チームのエースとして活躍しているのです。これは、彼が高身長の選手では対応できない技術を発揮しているからほかなりま

せんが、特殊な能力が備わっているためというわけではありません。石川選手は、日ごろのトレーニングにより、より高くジャンプできたり、スピーディーに身体が動かせたり、大型選手に引けを取らないパワーを発揮したり、身体を操作する力などを高めた上でボールコントロール能力を高めることで技術を磨き、身長の高いプレーヤーに挑むことができるのです。

　以上のように、低身長の選手でも高身長の選手を上回る方法があることがトッププレーヤーの実践からもわかると思います。

# #第5章

## 正確性を高める
## サーブ＆ブロック

　ブレイクを取るためには、強いサーブを打てることも大事ですが、相手を狙うというコントロール能力も必要です。さらには、相手の攻撃に対応した際に姿勢を崩さないブロックも重要なプレーとなります。チーム練習ができないときにこそ、自身でサーブやブロックの安定感を高めていきましょう。

# 壁打ちサーブ

**サーブで狙いをつける**

　サーブには、フローターサーブ、ジャンプフローターサーブ、ジャンプサーブ、サイドハンドサーブ、アンダーハンドサーブ、オーバーハンドサーブといった種類があります。ここではサーブの種類はどれでもかまいません。コートを使えないと仮

定し、たとえば壁にネットの位置を見立て、壁のどの位置に打つかを想定して練習します。コート上の着弾点はわかりませんが、狙いを持って打つことでコントロール能力を磨いていきます。

## 【 ラインの上を狙う 】

### 💡Point

ネットと見立てた位置から当たる場所があまりに高い場合、実践では山なりの軌道でなければコートに入らないことになる。そのため、実践においてその軌道でコートに入るように打つためにはゆるいサーブを打つことになるため、相手はレセプションしやすくなる。このことを避けるためには、ネットと見立てたラインの少し上に当たるように打つ

1　2　3

▲ 壁から9メートル以上離れて立ち、ネットの高さのラインを描く、あるいはネットの高さを想定し、自分の打ちやすいサーブを打つ（写真はフローターサーブ）

## 【的を狙う】

壁から9メートル以上離れて立ち、壁に記した、あるいはイメージした的を狙い、自分の打ちやすいサーブを打つ（写真はフローターサーブ）

**アドバイス**

## エンドラインどこからでも狙えるように

　人それぞれに打ちやすい場所、打ちやすいコースがあると思いますが、競技レベルが上がれば上がるほど、細かくデータを取った上でサーブを打つの

で（この選手のこのサイドに狙うなど）、一個所からではなくコート幅のいろいろな位置から打てるようにしておきましょう。

# 壁打ちサーブ＆アンダーハンドパス

サーブを打ったあとすぐに守備に参加する

　壁に向かってサーブを打ち、跳ね返ってきたボールをアンダーハンドパスで返すという複合練習です。158〜159ページの壁打ちサーブでは、壁から9メートルほど離れたところから打ちましたが、ここでは6〜8メートルくらいの距離で行います。

　しっかりサーブを打ったあと、すぐにコートの中に戻り守備に参加するというイメージです。慣れてきたらアンダーハンドパスが地面に置いた的の上に落ちるようコントロールも意識します。

▶ 壁から6〜8メートル離れたところに立つ

▶ 壁に向かってサーブを打つ

◁ ボールを見ながらダッシュで前に詰める

◁ 落下地点に入りアンダーハンドで捕らえる

◁ 目標とする位置（新聞紙の上）にボールを落とす

アドバイス

## 壁の上の方を狙って打つ

この練習ではサーブを低いところに打ってしまうと跳ね返りが手前になってしまい、アンダーハンドパスにつなげられないので、壁打ちサーブよりも少し高い位置を狙います。

PART
1
バレーボールに役立つストレッチング

PART
2
バレーボールに役立つトレーニング

PART
3
コントロールを磨くスパイク練習

PART
4
精度を上げるオーバーハンド＆アンダーハンド

PART
5
正確性を高めるサーブ＆ブロック

# 2人組のサーブ＆レセプション

目的
効果
サーブで狙いをつけることや、
レセプションの精度を上げる

　サーブを打つ人、レセプションする人にわかれての2人組練習です。2人の中央に目標となるもの（ここでは新聞紙）を置いて、サーブを打つ人は相手を狙って打ち、レセプションする人は、受けたボールを目標物の上に落とすようにします。狙って打つことが難しい場合や、打ったボールのレセプションがうまくいかない場合は、123ページの遠くから投げてもらったボールをアンダーハンドで返す練習に戻りましょう。

▲ 6メートル以上離れて向かい合う。パートナーが、プレーヤーを狙ってサーブを打つ

▲ プレーヤーは落下一点に素早く入る

▲ プレーヤーが的に落ちるように狙ってレセプションする

▲ 目標とする位置（新聞紙の上）にボールを落とす

アドバイス

## 動きながらも狙えるようにする

この練習の次の段階として、同様の設定でサーバーが前後左右にサーブの狙いを変えます。レシーバーは、フットワークを使って落下位置に入り、同じように的を狙いましょう。レシーバーを動かす距離は2〜3歩でかまいません。さらに慣れてきたらサーブを低め、高めに出していくようにしてバリエーションを増やします。

# 78 2人組のブロック感覚づくり

**ボールが手に当たる感覚をつかむ**

　全体練習の中で、ブロックはあまり時間をかけられてない練習かもしれません。ゲームの中ではディフェンスの最初となるプレーであり、得点を取ることもあるのですが、その半面、精度を上げることが難しいプレーでもあります。自主練習の中で

ぜひ身につけておいて欲しいことは、正しいブロック姿勢です。まずは跳ばずに地面に足がついた状態で、体勢が崩れないよう、しっかりブロックの形、バランス、力の入れ方を覚えていきます。

## 【2人組の押し合い】

**Point**
姿勢が崩れないようにする

上下
プレーヤー　　　パートナー

▲ プレーヤーはブロック姿勢で両手を上げる。パートナーがボールを手に押し当てながら、上下にボールを動かしていく

左右

**Point**
腕の間隔を開けず、
指を広げない

▲ 同じ要領で、今度はボールを左右に動かしていく

## 【ヒットされたボールを手に当てる】

**Point**
腕をあまり広げず、
しっかり締める

▲ ①1.5メートルほど離れて向かい合い、プレーヤーはブロックの挙上姿勢で構える
②パートナーに手のところ目がけて打ってもらう③④ボールを下に落とす

アドバイス

### 指を広げない

指を広げて跳ぶと小指や親指にボー
ルが当たり、脱臼や骨折の恐れがあり
ます。勢いのあるスパイクボールは、

指では止められないので、ケガ予防の
観点からもできるだけ指を広げないこ
とをオススメします。

# 79 その場跳びブロック

**空中でのブロック姿勢をつくる**

　いい姿勢、いい形、いい位置に跳ぶと、ブロックの得点力が上がります。ディフェンスを成功させることにつながるので、ブロック練習はとても大事です。空中時の姿勢づくりとして、まずはその場跳びブロックをできるだけ高く跳びます。最高点に達したら、ボールをブロックしているかのように手を前に押し出します。次の段階では、その場跳びブロックを連続で行い、同じように姿勢を保てるよう意識しましょう。

## step 1　その場跳びブロック

実際にブロックしているイメージで両手をグッと前に出す

▲ 壁から30センチ程度、離れた場所で構える。ヒザを曲げて、できるだけ高く垂直跳びをする

▲ 最高点に達したら、両手を前に押し出す

▲ 壁から30センチ程度、離れた場所で構える

▲ できるだけ高く垂直跳びをする

▲ 最高点に達したら、両手を前に突き出すようにする

▲ 着地したら、すぐにまた跳ぶ

※2回連続、3回連続と2段階にわけて行う

アドバイス

## 連続ジャンプで姿勢を維持する

連続ジャンプはブロックの姿勢を維持するためのトレーニングとなります。着地したらすぐにジャンプするようにしましょう。また空中では、手を前に出す高さに狙いをつけられるよう、壁に線を引くなどして目印にするのも良いでしょう。

# 80 フットワーク練習〔ブロック編〕

目的
効果 **ブロックでのフットワークを身につける**

　実際のゲームでは相手の攻撃に対し、左右に移動してブロックに跳びます。移動の手段としては、近い場合は「ワンサイドステップ跳び」、あるいは「クロスステップ跳び」、遠い場合は「1サイド＋1クロスステップ跳び」を使います。前ページで習得した空中時のブロック姿勢に、これらのフットワークを組み合わせ、一連の動きが完結するので、動きづくりのトレーニングとして取り組んでみてください。

## 【ワンサイドステップ跳び】

▲ ①両手を軽く上げ、ブロック姿勢で構える②トス方向にサイドステップで踏み出す③反対の足を引き寄せるようにして、踏み切る④体勢を崩さないようにブロックジャンプする

※反対サイドも同じように行う

# 【 クロスステップ跳び 】

▲ ①両手を軽く上げ、ブロック姿勢で構える②トス方向の足に重心を移動させる③④体の向きとは反対の足を前でクロスさせる⑤両足で踏み切る⑥体勢を崩さないようにブロックジャンプする

※反対サイドも同じように行う

# 【1サイドステップ＋1クロスステップ跳び】

▲ ①両手を軽く上げ、ブロック姿勢で構える②相手のトス方向に動き出す③④⑤サイドステップで踏みだす⑥反対の足を前でクロスさせる⑦両腕を鋭く振り上げながら、踏み切る⑧体勢を崩さないようにブロックジャンプする

※反対サイドも同じように行う

## 【踏み切りのみ】

**Point**
つま先はネット
の方向

▲ ①軽くヒザを曲げて構える②サイドステップで踏み出す③反対の足を前に
クロスさせる④両足で踏み切る（軽くジャンプする）

※反対サイドも同じように行う

アドバイス

### 上半身はネットに正対し、下半身をひねるように

　ブロックのときの移動は、上半身を
できるかぎりネットに正対し、下半身
をひねるようにして動きます。なおか
つ踏み切るときに、つま先をなるべく
ネットの方に向けて踏み切るようにし
ます。空中で体が横に流れてしまわな
いように、踏み切り時の足さばき方を
覚えましょう。

## 【 ステップ + 連続跳び 】

▲ ①両手を軽く上げ、ブロック姿勢で構える②相手のトス方向にサイドステップで踏み出す③④反対の足を前でクロスさせる

▲ ⑤⑥両足で踏み切る⑦ジャンプが流れないように両腕を鋭く振り上げジャンプする⑧着地したら、すぐに次のジャンプの準備に入る

▲ ⑨体勢を崩さないようにブロックジャンプする⑩着地する

※反対サイドも同じように行う

アドバイス

## 左右の苦手をなくす

一般的には右利きの人は左方向に動きやすく、右方向は動きづらい特徴があります。左利きの人はその逆です。

ステップワークでは自分の苦手なサイドをより重点的に練習し、左右の違いをなくすようにしましょう。

# ブロック＋カバーリング

**目的効果** 着地後の振り向きを早くし、つなぎをよくする

　ブロックの着地後、振り向きざまに2本目のカバーに動く、といったシーンをゲームの中でよく見かけると思います。そのようなケースを想定して、ブロックジャンプを行った直後に、パートナーがブロックした人の横や背後にさまざまなボールを出し、このボールをアンダーハンド、あるいはオーバーハンドで処理する練習をしましょう。前衛にいるときは、全員にあり得るシチュエーションとなります。

## 【練習イメージ】

パートナー　　　　　　　　　　　　　　　　　　プレーヤー

▲ プレーヤーはブロック姿勢で構える。パートナーはプレーヤーの背後2〜3メートル離れたところでボールを持って待つ

▲ プレーヤーはジャンプの準備に入る

▲ ブロックジャンプする

▲ プレーヤーが着地したと同時に、パートナーがボールを投げる

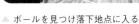

▲ ボールを見つけ落下地点に入る

▲ アンダーハンド（あるいはオーバーハンド）パスで攻撃につなげる

## さまざまな状況をつくって練習する

　パートナーは速いボール、低いボールなど変化をつけて投げるようにします。また壁際でおこなう場合は、ブロックジャンプの着地後、壁にボールを当て、跳ね返ったボールにブロッカーが反応する、というような練習もできます。

# トランジションの動きづくり

目的
効果 ブロックからトランジション時の動きを練習する

これまで習得した技術を正確に発揮するには、身体操作能力を高めていく必要があります。p148～p155でも動きづくりのトレーニングを紹介しましたが、ここではブロックジャンプからのセットアップ、ブロックジャンプからのスパイクなど、ブロックのあとのトランジション（攻守の切り替え）を想定し、よりスムーズな動きを目指します。連続写真を見ながら、動きづくりのイメージトレーニングに取り組んでみてください。

▼ ①～⑤構えた状態から、レフトサイドにフットワークを使って移動し、ブロックジャンプする ⑥～⑫着地したら、すぐに開いてスパイクに入る

## 【 ブロックからのスパイク 】

PART
1
バレーボールに役立つ
ストレッチング

PART
2
バレーボールに役立つ
トレーニング

PART
3
コントロールを磨く
スパイク練習

PART
4
精度を上げる
オーバーハンド＆
アンダーハンド

PART
5
正確性を高める
サーブ＆ブロック

## 【 ブ ロ ッ ク か ら の セ ッ ト ア ッ プ 】

▼ ①〜④構えた状態から、ライトサイド
にフットワークを使って移動し、ブロック
ジャンプする⑤〜⑩着地したらすぐに振り
向き、ボールの落下地点に入りセットアッ
プする

178

アドバイス

## 動きを安定させる

　跳んだり、しゃがんだり、切り返したりする動きの先に、ボールコントロールがあります。このような動きづくりのトレーニングで体幹を安定させ、そこにこれまでの技術を落とし込み、イメージ通りのプレーを目指します。

# おわりに

## ( ラリーを多く味わい、<br>プレーすることを楽しんでもらいたい )

　バレーボールをプレーする醍醐味は、思い切りボールを叩くこと、相手からのサーブやスパイクという攻撃をブロックやディグでディフェンスすること、ディフェンスして得たボールをトスでつなげること、そしてチームとして狙った攻撃を成功させることではないでしょうか。

　これらの個人のプレーが狙い通り見事に発揮できたとき、プレーヤーとしては

ガッツポーズしたくなるような気持ちになるでしょう。しかも、バレーボールはチームスポーツなので、これらの個人のプレーがつながったときにチームとしてスムーズな連係プレーが発揮できた喜びも感じることでしょう。

　さらには、ネットを挟んで相対している両チームがこのようなプレーを個人として、またチームとして応酬することで

ラリーが展開され、このラリーがバレーボールゲームとして最もスリリングなゲーム場面となります。一般的に、バレーボールのゲームを観たり、プレーしたりして最も面白いと感じることは何かという問いの答えはこの「ラリー」と言われています。ですので、皆さんがゲームにおいてプレーをしたときに、ぜひこのラリーを多く味わい、自在に身体を動かし、ボールをコントロールしてプレーすることを楽しんでもらいたいと思います。

本書は、チームスポーツであるバレーボールにおける自主練習を取り扱い、まとめました。先ほど述べたように、バレーボールはチームスポーツですので、チームとしての練習が活動の中心となりますが、この本の内容は個人または2人で行える練習やトレーニングをまとめ、プレーに必要となる基本的な力を磨くという視点で作成しました。ぜひ、存分にバレーボールをプレーするために本書を活用していただけたらと思います。

高橋宏文

● 著者プロフィル

# 高橋宏文 たかはし・ひろぶみ

［東京学芸大学教授］
1970年生まれ、神奈川県出身。順天堂大学大学院修士課程を1994年に終了。大学院時代は同大学女子バレー部コーチを務め、コーチとしての基礎を学ぶ。修了後、同大学助手として勤務し、このとき、男子バレーボール部のコーチにも就任。以後、3年半にわたり大学トップリーグでコーチを務める。1998年より東京学芸大学に勤務。同大学では男子バレーボール部の監督を務めている。著書に『マルチアングル戦術図解　バレーボールの戦い方』（ベースボール・マガジン社刊）などがある。

● 撮影協力
東京学芸大学男子バレーボール部

● 撮影モデル
左から
荒井大雄　（アウトサイドヒッター）
前田幸久　（リベロ）
峯川優心　（セッター）

デザイン／黄川田洋志、井上菜奈美、中田茉佑、有本亜寿実（ライトハウス）
　　　　　岡村佳奈、藤本麻衣
編　　集／平 純子
写　　真／菅原 淳


# ライバルに差をつけろ！
## 自主練習シリーズ
# バレーボール

2021年6月4日　第1版第1刷発行

著　　者／高橋宏文


発　行　人／池田哲雄
発　行　所／株式会社ベースボール・マガジン社
　　　　　　〒103-8482　東京都中央区日本橋浜町2-61-9 TIE 浜町ビル
　　　　　　電話　　　03-5643-3930（販売部）
　　　　　　　　　　　03-5643-3885（出版部）
　　　　　　振替口座　00180-6-46620
　　　　　　https://www.bbm-japan.com/
印刷・製本／広研印刷株式会社